Musteranschreiben für Ihre Bewerbung

Michael Felske

Impressum

Bibliografische Information der Deutschen Nationalbibliothek:
Die Deutsche Nationalbibliothek verzeichnet diese Publikation in der
Deutschen Nationalbibliografie; detaillierte bibliografische Daten sind
im Internet über http://dnb.dnb.de abrufbar.

© 2023 Michael Felske

Titelfoto: Michael Felske

Herstellung und Verlag: BoD – Books on Demand, Norderstedt

ISBN: 978-3-7448-1637-3

MUSTERANSCHREIBEN FÜR FOLGENDE BERUFE:

Arzthelferin
Außendienstmitarbeiter
Assistentin-Akademie
Auslieferungsfahrer
Bootsbauer
Buchhalter
Bürokauffrau/Kauffrau für Bürokommunikation
Busfahrer
Call-Center-Agent
Drucker/Tiefdrucker
Empfangsmitarbeiterin im Hotel
Fachlagerist
Fleischer
Frisör
Gärtner
Groß-und Außenhandelskauffrau
Haushaltshilfe/Haushälterin/Hauswirtschafterin
Hausmeister
Internet-Verkäufer
IT-Supporter
Kaufmännische Mitarbeiterin
Kfz-Mechatroniker
Koch
Kommissionierer
Küchenhilfe
Maler und Lackierer
PKA
Produktionshelfer
Produktmanagerin
Servicekraft
Speditionskaufmann

Straßenbauer
Verkäuferin
Versicherungssachbearbeiter
Zahntechnische Hilfskraft
Zerspanungsmechaniker

INHALT

VORWORT

Wenn Sie sich bei jeder Bewerbung die Frage „Was schreib´ ich bloß?" stellen, dann kann ich Ihnen versichern: Damit ist jetzt Schluss! Warum? Weil Sie dieses Taschenbuch in den Händen halten! Wenn Sie diese Seiten gelesen haben, dann wissen Sie bei künftigen Bewerbungen Bescheid und können bei Bedarf schnell reagieren. Neben Musteranschreiben für 36 Berufe erfahren Sie hier aus welchen Teilen ein sehr gutes Bewerbungsanschreiben besteht und wie Sie diese optimal formulieren. Auch dazu werden Sie hier fündig. Viel Erfolg bei Ihren kommenden Bewerbungen wünscht Ihnen Ihr

Michael Felske

TIPPS ZU DEN FORMULIERUNGEN EINES ANSCHREIBENS 1

Völlig sachlich geht es zu bei Ihren Bewerbungsunterlagen: Lebenslauf in Form einer Tabelle, Zeugnisse und Bescheinigungen... völlig sachlich? Nicht ganz. An einer Stelle, genauer gesagt, bei Ihrem Bewerbungsanschreiben, schimmert etwas Unsachliches an das Tageslicht. Nur hier können Sie Elemente Ihrer Persönlichkeit einbringen. Und das ist der wichtige Hebel dieser Seite. Grundsätzlich ist der Sinn der einzelnen Teile Ihrer kompletten Bewerbungsmappe wie folgt: Im Anschreiben machen Sie Versprechungen. Sie benutzen Vokabeln wie qualifiziert, zuverlässig, freundlich und reden von Ihren Fähigkeiten. Fachliche und persönliche Informationen sollen Personaler neugierig machen und Interesse wecken.

Wenn Sie das geschafft haben, dann überprüft der Leser Ihrer Bewerbung wie wahrscheinlich es ist, dass Ihre Versprechungen auch der Wahrheit entsprechen. Das klappt ganz einfach mit einem Blick auf den Lebenslauf. Behaupten Sie im Anschreiben „Ich bin Verkäuferin mit Leib und Seele" und im Lebenslauf weisen Sie kaum Berufserfahrung nach, dann gerät Ihr Anschreiben zur leeren Worthülse ohne Wert. Legt der Lebenslauf die Vermutung nahe, dass die Behauptungen durch Berufstätigkeit möglich sind, dann wandert der Blick des Lesers weiter zu den Zeugnissen. Dort steht geschrieben, was andere von Ihnen und Ihren Fähigkeiten so denken. Im Grunde ist das Anschreiben eine Art Selbstbild oder Selbsteinschätzung und die Zeugnisse die Fremdeinschätzung oder das Fremdbild.

Doch nun rasch die wichtigsten Tipps zu den Formulierungen eines Bewerbungsanschreibens. Verwenden Sie niemals den Konjunktiv. Bleiben Sie im Indikativ, denn dieser bildet Sie und Ihre Vorteile schärfer ab. „Ich würde mich freuen" bedeutet sinngemäß, dass es noch nicht so weit gekommen ist, dass noch ein Hindernis besteht. Wenn Sie zum Vorstellungsgespräch eingeladen werden, und hier fange ich gerade am Ende des Anschreibens an, dann freuen Sie sich. „Über eine Einladung zum Vorstellungsgespräch freue ich mich. Mit freundlichem Gruß..." Das ist einfach besser. Grundsätzlich formulieren Sie Ihren Text aktiv und verwenden mehr Verben als Substantive. Ganz oben steht die sogenannte Betreffzeile. Das Wörtchen „Betreff" ist gestrichen und wird von Ihnen nicht mehr verwendet. Stattdessen schreiben Sie gleich oben noch vor der Anrede sicherlich so etwas wie „Bewerbung als Bürokauffrau". Dass Sie eine Bewerbung abgeschickt haben, sieht jeder. Sammeln Sie Pluspunkte mit dieser Zeile? Nein, keinesfalls. Da Ihnen ja nur insgesamt eine DIN A4-Seite für das Anschreiben zur Verfügung steht, sind Sie gezwungen jeden Millimeter optimal zu nutzen. Also schreiben Sie in die erste Zeile doch einfach so etwas wie „Organisationstalent bietet Mitarbeit: Bewerbung als Bürokauffrau". Der kleine Unterschied liegt in dem Wort „Organisationstalent" und das sammelt für Sie den ersten Pluspunkt ein. Nun kommt die Anrede an die Reihe. Hier müssen Sie personalisiert arbeiten. Selbst wenn in der Stellenanzeige oder bei einer Initiativbewerbung Ihnen kein Name als Ansprechpartner vorliegt ist es sinnvoll und ein Muss diesen zuständigen Menschen namentlich herauszubekommen. Jeder Mensch möchte gerne mit seinem Namen angesprochen werden. Das ist Fakt. Also machen Sie sich diesen Tatbestand zu Nutze und recherchieren nach dem Namen. Rufen Sie an oder schauen Sie auf der Firmenhomepage nach. Wenn bei 119 Bewerbungen in der Anrede „Sehr geehrte Damen und Herren" steht und nur bei Ihnen, der 120ten Bewerbung „Sehr geehrte Frau Muster", dann wissen Sie schon, dass Sie damit eben gerade positiv aufgefallen sind. Wir befinden uns in der zweiten Zeile und schon haben Sie den zweiten Pluspunkt eingesammelt. Bisher war noch nicht der Schriftsteller in Ihnen gefordert. Das ändert sich jetzt nach der Anrede ein wenig. Aber nicht verzagen, das Prinzip bleibt gleich: Punkte sammeln wie in einem Videospiel.

„Ich habe Ihre Stellenanzeige in der Jobbörse der Bundesagentur für Arbeit gelesen und möchte mich nun bei Ihnen bewerben."

So beginnen viele Anschreiben, die ich kenne. Dieser Einstieg ist ungefähr so spannend wie ein leeres Bahnhofsschließfach. Schreiben Sie lieber

„auf der Suche nach einem passenden Unternehmen habe ich Ihre Stellenanzeige entdeckt und möchte mich Ihnen heute als verantwortungsbewussten und erfahrenen Mitarbeiter empfehlen."

Hier sind wichtige Adjektive ein geflochten, die wieder Pluspunkte für Sie sind. Außerdem: Die Formulierung „passenden Unternehmen" bringt zum Ausdruck, dass Sie wissen, was Sie wollen und sich nicht blind einfach überall bewerben. Jeder Chef braucht Mitarbeiter mit Entscheidungskraft und Selbstbewusstsein (vielleicht nicht gerade bei den anstehenden Gehaltsverhandlungen).

Möglich ist auch dieser Einstieg:

„... mit sehr großer Freude habe ich Ihre Stellenausschreibung im Internet gelesen. Nun bewerbe ich mich bei Ihnen, weil ich mir sehr sicher bin, dass ich als teamfähige, engagierte und beratungserfahrene Bürokauffrau für Ihren Standort Musterstadt exakt die Richtige für Sie bin."

Dann berichten Sie von Ihren Berufserfahrungen in der Vergangenheit. Dabei sind Sie in der Pflicht, möglichst alle Qualitäten aufzuführen. Werfen Sie hier, bevor Sie drauf los schreiben, erst noch einmal einen Blick auf die Stellenanzeige. Zwingend erforderlich ist ein Bezug zu den in der Anzeige aufgeführten Fähigkeiten. Führen Sie alles auf, was Sie können und bringen Sie es in Einklang mit dem vom Stellenanbieter geforderten Profil. So machen Sie sich interessant. Außerdem haben sich die Menschen, die die Stellenanzeige formuliert haben, auch etwas dabei gedacht. Folglich gehen Sie auf diese Anforderungen ein und nehmen bitte Bezug auf alle genannten Profilmerkmale. Das kann so erfolgen:

"Dinge raffiniert zu organisieren, dabei auch stets die Menschlichkeit im Blick zu behalten, trotz Tempo bei Stress und Hektik weder Ruhe noch den Blick auf das große Ganze zu verlieren und ein zuspringen, wenn Not am Mensch ist: Das habe ich in 18 Jahren im Bürobereich gelernt. Ich bin ausgebildete Industriekauffrau. Erfahrung im Aufbau einer Verwaltung von Null auf Hundert konnte ich bei meinem jetzigen Arbeitgeber machen. Im Arbeitsalltag kommen mir immer wieder meine Stärken, Fähigkeiten und Fertigkeiten zu Gute: Selbstständiges und umsichtiges Arbeiten ist für mich selbstverständlich. Mich zeichnet eine schnelle Auffassungsgabe aus, die nicht nur in der Einarbeitungszeit ein Vorteil ist. Die Office Anwendungen sind mir seit Jahren vertraut, ich beherrsche sie sicher."

Besonders gut gefällt mir bei diesem Absatz gleich der Anfang: „Dinge raffiniert zu organisieren..." Das klingt viel versprechend, berufserfahren und irgendwie clever. Übrigens: Ich verwende hier Texte aus einem Anschreiben, das gezündet hat. Zünden heißt Einladung zum Vorstellungsgespräch! Die Dame wurde eingeladen, hat Eindruck gemacht und den Job bekommen.

Soziale Kompetenzen, die sogenannten Soft-Skills, hat sie in ihrem Anschreiben auch erwähnt:

„In meiner jetzigen Tätigkeit als Verwaltungskraft in einem Projekt mit sozial Benachteiligten, habe ich viel Freude im Umgang mit den Kunden. Die täglichen Reaktionen zeigen mir, dass ich mich gut auf andere Menschen einstellen und in sie einfühlen kann. Mich reizt besonders die Mischung aus Verwaltungsaufgaben und respektvollem, unterstützendem Umgang mit Menschen. Empathie ist mir besonders wichtig."

Darauf folgt nur noch die Verabschiedung. In diesem Fall wurde sie so formuliert:

„Mein derzeitiges Arbeitsverhältnis ist bis zum xx.xx.20xx befristet, daher suche ich einen neuen Arbeitsplatz. Ihr Stellenangebot interessiert mich sehr, insbesondere weil mir Ihr Menschenbild gefällt, wie es auf der Homepage deutlich wird. Über eine Einladung zu einem persönlichen Gespräch freue ich mich sehr.

Mit freundlichem Gruß

Ein wie ich finde, wirklich bombiges Musteranschreiben haben Sie gerade gelesen. Dieses Anschreiben hat einer Bekannten von mir einen neuen Job eingebracht – es hat funktioniert und gezündet. Und wenn auch Sie im Büro arbeiten, dann können Sie ganz bestimmt einige Formulierungen für Ihr eigenes Anschreiben verwenden.

So weit ist also alles schick. Lediglich ein kleines I-Tüpfelchen fehlt noch als Sahnehäubchen obendrauf. Sie wissen nicht, was ich meine? Nun ja, Briefe sind ja fast aus der Mode gekommen. Früher schrieben verfassten die Briefeschreiber ihren Text, grüßten brav und unterschrieben das Ganze.

Doch dann fiel ihnen noch etwas ein, was vielleicht von erheblicher Bedeutung sein konnte. Doch die Schreiber von früher kannten nicht die Funktion „einfügen" wie wir heute mit unseren Textverarbeitungsprogrammen. Was blieb ihnen übrig als die Anmerkung unten an das Ende des Briefes zu setzten. Sie verwendeten dafür das Kürzel P.S. - Postskriptum. Das steht für nach dem Brief, nach dem Geschriebenen.

Genau diese Methode verwenden Sie bei Ihrem nächsten Bewerbungsanschreiben auch: Die P.S.-Zeile. Alles, was hier steht, hebt sich vom Rest des Textes ab, weil es alleine für sich steht. Schauen wir uns das einmal in einem Beispiel an:

P.S.: Übrigens: Mit meiner raschen Auffassungsgabe arbeite ich mich zügig in neue Aufgaben ein!

Gar nicht schlecht, oder? So versucht der Bewerber eine bestimmte Eigenschaft hervorzuheben und es gelingt ihm auch. Außerdem wendet er sich auch gegen eventuell bestehende Bedenken bezüglich einer möglicherweise erforderlichen längeren Einarbeitungszeit.

Nun zeige ich Ihnen eine P.S.-Zeile, die sogar etwas mit den Lesern anstellt. Sie ist frech. Sie erweckt so etwas wie Zustimmung gegenüber dem Bewerber und seinen Worten, weil der Leser innerlich mit Ja antwortet. Doch am besten lesen Sie einfach einmal selbst:

P.S.: Übrigens, die meisten Menschen lesen die P.S.-Zeile. Ich nutze sie heute um Sie auf mein Organisationstalent hinzuweisen!

Verwenden Sie diese Zeile, dann bringen Sie den Leser zu Ja-Sagen, denn er bestätigt eben die Aussage, dass die P.S.-Zeile gelesen wird. Bestimmt wird es jeder, oder die meisten, auch irgendwie als witzig empfinden. Als mir diese Zeile zum ersten Mal vorgelegt wurde, begriff ich schnell, dass diese Formulierung ein ganz erhebliches Instrument darstellt um sich von anderen Bewerbern zu unterscheiden. Ich rate Ihnen sie zu verwenden und erfolgreich einzusetzen. Dann liegen Sie beim nächsten Kopf-an-Kopf-Rennen einfach weiter vorn.

Mit der P.S.-Zeile ist Ihr Bewerbungsanschreiben komplett. Nun wird es höchste Zeit, die Einzelteile einmal genau zu untersuchen.

VORTEILE FÜR ARBEITGEBER FORMULIEREN

Locker und flockig formulieren Sie in Ihrem Anschreiben alle (viele) Ihrer Vorteile und Argumente, die für Sie als neuer Mitarbeiter sprechen. Das Anschreiben muss neugierig auf die weiteren beigefügten Unterlagen machen und soll den Wunsch erwecken, Sie in einem Gespräch persönlich näher kennen zu lernen. Prinzipiell verhält es sich genau so wie in der Werbung. Die Kommunikations- und Werbepsychologie arbeitet mit der sogenannten AIDA-Formel:

AIDA-Formel

A   Attention
I   Interest
D   Desire
A   Action

Attention heißt: Mit Ihrem Anschreiben müssen Sie Aufmerksamkeit für Ihre Person und Ihre gesamte Bewerbung erzeugen. Unbedingt! Das ist Ihre erste und wichtigste Aufgabe.

Interest heißt: Sie müssen Interesse wecken. Gemeint ist Interesse an Ihrer Persönlichkeit. Erinnern Sie sich an den Mustertext von eben. Da hieß es „Dinge raffiniert zu organisieren..." Das macht doch neugierig und interessant, oder?

Desire heißt: Wenn Ihr Anschreiben im oben beschriebenen Sinne zündet, dann entsteht idealerweise der Wunsch, sie näher kennen zu lernen. Der Leser soll bei Ihrer Nennung von fachlichen und sozialen Fähigkeiten nicken, „Ja, den will ich!" ausrufen und Sie unbedingt näher kennen lernen wollen. Und das klappt prima beim Vorstellungsgespräch.

Action heißt: Aufmerksamkeit wurde erregt, Interesse geweckt, der Wunsch hervorgerufen – jetzt kann gehandelt werden. Die von Ihnen gewünschte Aktion ist die telefonische oder schriftliche Einladung zum Bewerbungsgespräch.

Sollten Sie bereits ein Anschreiben in der Schublade liegen haben, dann bitte ich Sie dieses unbedingt nach der eben geschilderten AIDA-Formel zu überprüfen. Tragen Sie dazu einfach die Formulierungen in die Tabelle am Ende dieses Kapitels ein, die den Ansprüchen genügen.

ANFORDERUNGEN AN IHR ANSCHREIBEN

Abschließend eine Auflistung von wichtigen Anforderungen, die Ihr Anschreiben unbedingt erfüllen muss:

1.   Leserfreundliche Schriftgröße zwischen 11 und 13pt auswählen.
2.   Glatte schnörkellose Schriftauswahl, d.h. ohne Serifen wie Arial oder Verdana
3.   Lebendige Formulierungen ohne komplizierte Schachtelsätze.
4.   Mehr Verben als Substantive. Das macht Ihren Text lebendig.

5. Haben Sie auch die Möglichkeit erwogen, ein P.S. einzufügen? Hier können Sie nochmals kurz einen Vorteil schildern.

6. Haben Sie daran gedacht Ihr Anschreiben auch mit Ihrem Autogramm zu versehen?

7. Den Hinweis „Anlagen" bitte nicht vergessen!

8. Sind Sie auf alle Merkmale aus der Anzeige eingegangen?

9. Ist Ihr Einstieg freundlich und zuvorkommend?

10. Haben Sie Ihren Ansprechpartner namentlich erwähnt?

11. Erzählen Sie locker Ihren beruflichen und persönlichen Background?

12. Überprüfen Sie dabei, ob Sie nicht übertrieben haben. Auf großes Selbstbewusstsein folgt Hochstapelei. Die bringt Ihnen nichts ein.

13. Nutzen Sie die frühere Betreffzeile für positive Botschaften?

14. Sind Absender (Sie) und Empfänger (Firma) korrekt und vollständig angegeben?

15. Ist das Datum aktuell. Vorsicht: Hier lauert der Fehlerteufel, denn wenn Sie Vorlagen verwenden, die nicht automatisch das Datum umstellen, kann es Ihnen rasch passieren, dass das Datum der letzten Bewerbung zum Einsatz kommt. Jeder Personaler wünscht sich eine aktuelle Bewerbung.

16. Ist Ihr Anschreiben auch gelungen gestaltet? Die schnelle Lesbarkeit wird garantiert, wenn die Schriftgröße passt (siehe 1.) und wenn Sie Ihren Text linksbündig ausrichten. Manchen gefällt Blocksatz besser. Macht nix: Greifen Sie bitte meinen Tipp auf und schreiben Sie linksbündig.

Bevor Sie mit der nachfolgenden Tabelle Ihr Anschreiben auf die Wirkung nach A.I.D.A. Kontrollieren, noch ein kleine Tipp für den Einstieg Ihres Briefes: Übernehmen Sie die Rolle desjenigen, der das liest. Stellen Sie sich einmal vor, ein Unternehmer sucht eine fleißige Kraft im Büro, weil ihm die Arbeit über den Kopf wächst. Version 1:

„Sehr geehrter Musterchef,

im Internet habe ich mit großer Freude Ihre Stellenausschreibung gelesen. Nun bewerbe ich mich bei Ihnen, weil ich glaube, dass ich mit meinen Erfahrungen genau die Richtige für Sie bin."

Diese Version ist nicht schlecht, vor allem aber auch nicht gut. Die Bewerberin schreibt von sich und ihren Erfahrungen. Genau das machen die 200 anderen Bewerberinnen auch, die sich auf diese Stelle bewerben. Jeder auf seine Weise aber irgendwie ähnlich. Der Leser/Chef/Personaler bekommt mit der Zeit bestimmt eine Hornhaut auf der Pupille und das große Gähnen macht sich breit. Versuchen Sie es doch mal aus seiner Sicht wie in Version 2:

„Sehr geehrter Musterchef,

bei Ihnen stapelt sich die Post und Sie haben überhaupt keine Zeit zu sortieren und alle zu beantworten. Und jetzt flattert Ihnen auch noch mein Brief auf den Schreibtisch. Tut mir wirklich leid!

Aber ich habe eine gute Idee: Ich kann Ihnen bei der Postbearbeitung helfen. Als berufserfahrene Bürokauffrau weiß ich genau wie der Hase läuft. Das können Sie mir ruhig glauben."

Ungewöhnlich, nicht wahr? Aber: Fragen Sie sich selbst einmal, welcher Brief nachhaltiger in Erinnerung bleibt. Ganz bestimmt Bewerbungsanschreiben Version 2. Beim Schreiben finden Sie Unterstützung in jeder Zeitung.

TÄGLICH VON ZEITUNGSARTIKELN LERNEN

Bei der Formulierung Ihres Anschreibens haben Sie viele Möglichkeiten. Entweder Sie besorgen sich eine Vorlage als Muster wie die zahlreichen hier in dieser Publikation. Oder Sie schmieden Ihr Eisen selbst. Im letzten Fall können Sie jede Menge von Artikeln in Tageszeitungen lernen. Allerdings nur von den Guten.

Das Geschäft der Zeitungsmacher ist hart: Jeder möchte täglich sein Blatt unter die Leute bringen. Damit die Zeitung gekauft wird, steht ein vielversprechender Artikel auf der Titelseite, der sogenannte Aufmacher. Dieser will zum Kauf locken. Wenn Sie eine Zeitung aufschlagen und sich einen beliebigen Artikel heraussuchen, dann können Sie Ihr Studium beginnen. Jeder Artikel hat eine Überschrift. Vielversprechend muss er sein und die Menschen mit spannenden Worten dazu bewegen, den gesamten Text zu lesen. Genau die gleiche Funktion hat Ihre Betreffzeile. Unter der Überschrift steht eine zweite Überschrift in kleinerer Schrift (Bei manchen Zeitungen steht diese Zeile auch über der großen Überschrift). Hier werden genauere Informationen über das Ereignis gegeben. Auch diese

Informationen müssen zum Lesen des eigentlichen Textes verleiten.

Betrachten Sie das nachfolgende Beispiel:

Mutige Artisten und knallbuntes Feuerwerk

Jede Menge Attraktionen beim Oldenburger Altstadtfest
Oldenburg (mf). In einen wahren Hexenkessel verwandelt sich die Fußgängerzone beim diesjährigen Altstadtfest am kommenden Wochenende. Jongleure, Zauberer und Hochseilartisten wollen mit ihren Darbietungen die Oldenburger und ihre Gäste verzaubern. Zahlreiche Fahrgeschäfte und ein Weinfest am Rondeel runden das umfangreiche Angebot ab. Die absolute Hauptattraktion des Altstadtfestes wird das riesige historische Kettenkarussell sein, dass im vergangenen Jahr nicht nur die kleinen Besucher, sondern auch die großen begeisterte...

Der Textanfang des eigentlichen Artikels muss ebenso spannend sein wie die Überschriften. Stünde hier statt

„In einen wahren Hexenkessel verwandelt sich die Fußgängerzone beim diesjährigen Altstadtfest...“

dieser Text:

„Am kommenden Freitag, 2. September 2011 beginnt die diesjährige Ausgabe des Oldenburger Altstadtfestes. In der Innenstadt sind unterschiedliche Veranstaltungen geplant.“,

dann werden nur ausgesprochene Hardliner mit riesigem Interesse an den Ereignissen ihrer Heimatstadt weiterlesen. Menschen mit wenig Zeit oder vielen Störungen im Alltag (Telefonanrufe etc.) dürfte der zweite Textanlauf nicht aufregend genug sein um sich ihm zu widmen. Schließlich stehen ja noch ausreichend andere Artikel in dieser Zeitungsausgabe.

Die Leser Ihres Bewerbungsanschreibens sind in genau der gleichen Situation. Auf dem Tisch stapeln sich bis zu 200 Bewerbungsmappen und Anschreiben. Die Personaler haben die Wahl. Und hier liegt Ihres Chance: Unterstützen Sie diese Menschen. Helfen Sie ihnen auf die Sprünge mit spannenden und vielversprechenden Anschreiben, die sie für sich einnehmen und regelrecht begeistern. Und denken Sie daran: Wenn Sie es nicht tun, dann erledigen das die anderen. Doch das ist doch nicht wirklich, was Sie wollen, oder? Checken Sie Ihr Anschreiben, egal woher es stammt, gemäß den Anforderungen der AIDA-Formel. Dann sind Sie auf dem richtigen Weg zum Erfolg!

FORMULIERUNGSHILFEN FÜR IHR ANSCHREIBEN 2

Sie können sich hier einen Eindruck von verschiedenen Möglichkeiten in unterschiedlichen Berufen machen. Wählen Sie diejenigen Formulierungen aus, die Ihrer Persönlichkeit möglichst nahekommen. Einfügen müssen Sie auf jeden Fall Ihre eigenen fachlichen Kompetenzen. Schließlich kann ich die ja nicht kennen.

Durchweg haben all diese Schreiben zum Vorstellungsgespräch geführt. Scheinbar wurde da etwas richtig gemacht, denn einige Seiten vorher hatte ich das

Vorstellungsgespräch ja als Ihren Etappensieg bezeichnet. Doch lesen Sie einfach selbst:

Für den Fall, dass Ihnen diese Musteranschreiben nicht weiterhelfen, notiere ich Ihnen nachfolgend einige Textbausteine, die Sie in Ihrem selbst gebastelten Anschreiben gut einsetzen können.

1. Für die Betreff-Zeile:

„Kompetent und kommunikativ: Bewerbung als..."

„Fachwissen trifft auf Erfahrung: Bewerbung als..."

„Verkaufstalent: Bewerbung als..."

„Organisationstalent: Bewerbung als..."

„Einfühlsame Beratung: Bewerbung als..."

„Auf der Fläche zu Hause: Bewerbung als Verkäufer"

„Umsatzstark: Bewerbung als Verkäufer"

„Mehrfach profitieren: Bewerbung als Kauffrau"

„Kompetenz trifft auf Organisationstalent: Bewerbung als..."

„Willensstark und abschlusssicher: Bewerbung als Außendienstmitarbeiter"

„Freundlich und kommunikativ: Bewerbung als..."

„Beratungserfahren: Bewerbung als..."

„Dinge bewegen: Bewerbung als Lagerist"

„Hohe Führungsqualität: Bewerbung als..."

„Ressourcenorientiert: Bewerbung als Personalsachbearbeiter"

„Frisör mit Köpfchen: Bewerbung in Ihrem Salon"

„Einfach gut aussehen: Bewerbung als Frisör"

„Handwerker mit Köpfchen: Bewerbung als..."

„Alles was Holz kann: Bewerbung als Tischler"

„Alles was Licht kann: Bewerbung als Beleuchter"

„Handwerker mit Profil: Bewerbung als..."

„Präzision und Qualität: Bewerbung als Mechatroniker"

„Einfach geschickt: Bewerbung als Schlosser"

„Freundliche Telefonstimme: Bewerbung als..."

„Ruhepol bei Stress: Bewerbung als..."

„Flinke Finger: Bewerbung als Bauteilemonteurin"

Fantasie und Kreativität: Bewerbung als Barfrau"

2. Für den Einstieg:

„Auf Empfehlung von XXX, mit dem ich gestern telefoniert habe, sende ich Ihnen meine Bewerbungsmappe."

„Ich bewerbe mich um die Mitarbeit in Ihrem Büro, da Sie als großer und überregional tätiger Betrieb mit modernster Ausstattung einen Arbeitsplatz gewährleisten, bei dem ich meine Fähigkeiten und Kenntnisse optimal einbringen kann."

„Von einer Mitarbeiterin habe ich erfahren, dass Sie Verstärkung in der Kundenberatung und -betreuung brauchen. Ich arbeite sehr gerne effektiv mit Menschen. Aus diesem Grund bewerbe ich mich heute bei Ihnen."

„Bei einem Messebesuch erfuhr ich von Ihrem Mitarbeiter, dass Sie die Personaldecke im Bereich XXX aktuell erweitern möchten. Eine Mitarbeit in diesem Projekt interessiert mich sehr. Deshalb bewerbe ich mich nun bei Ihnen."

„Vielen Dank für das freundliche und informative Telefonat vom heutigen Tage. Wie angekündigt sende ich Ihnen nun meine Bewerbungsunterlagen."

„Für mich gibt es seit langem nur einen Berufswunsch: Ich möchte sehr gerne XXX werden. Deshalb..."

„Aus ungekündigter Position heraus suche ich im Bereich XXX in Ihrem Hause eine neue Herausforderung und biete ihnen meine Mitarbeit als XXX an."

„Auf Empfehlung Ihres Kollegen, Herrn XXX, möchte ich mich in Ihrer Abteilung als XXX bewerben."

„Schon als Kind war ich fasziniert von Zahlen. Heute, nach 18 Jahren Berufserfahrung als Buchhalter, ist meine Begeisterung immer noch riesig."

„Fachkompetenz und guter Service sind die Basis für dauerhaften Erfolg. Als kompetente Mitarbeiterin mit ausgeprägten Fähigkeiten im Bereich XXX bewerbe ich mich bei Ihnen."

Sehr gerne möchte ich in Ihrem Unternehmen als XXX tätig werden. Beachten Sie bitte meine umfangreichen Erfahrungen als XXX, die ich künftig erfolgreich in Ihrem Hause einbringen will."

„Aus persönlichen Gründen strebe ich einen Arbeitsplatz in (Musterstadt) an. Sehr gerne möchte ich meine Fähigkeiten und Fertigkeiten in Ihrer Abteilung einbringen."

„Auf der Suche nach einem passenden Unternehmen bin ich auf Ihre Homepage gestoßen. Nun bewerbe ich mich bei Ihnen..."

„Als Handwerker mit Köpfchen suche ich gerade eine neue Herausforderung. Deshalb bewerbe ich mich heute bei Ihnen..."

„Pressemitteilungen zufolge hat sich Ihr Unternehmen hier in der Region zu einem der bedeutendsten im Bereich XXX entwickelt. Fortschritt und Karriere sind mir wichtig. Deshalb erhalten Sie heute meine Bewerbungsunterlagen..."

„Nach Ihrem Vortrag beim Berufsverbandstreffen sprachen wir über meinen möglichen Einsatz als XXX in Ihrem Betrieb. Zu Ihrer weiteren umfassenden Information sende ich Ihnen nun meine Bewerbungsmappe."

3. In der Mitte:

„Mit rascher Auffassungsgabe erschließe ich mir zügig neue Aufgabengebiete. Das fällt mir leicht."

„Mit den Programmen des Microsoft-Office- Paketes bin ich vertraut: Ich beherrsche sie sicher."

„Raffinierte Organisation und das sichere Händchen für Effektivität kennzeichnen meinen Arbeitsstil."

„Ergebnisorientiert und mit einem sicheren Blick auf den Tagesumsatz gestalte ich meinen Arbeitstag effektiv."

„Mit Präzision und Qualitätsbewusstsein gestalten ich meinen Arbeitstag planvoll und effizient."

„Weiterbildung ist mir schon immer besonders wichtig."

„Weiterentwicklung und Karriere spielen eine große Rolle in meinem Leben. Als Betriebswirt sehe ich erweiterte Chancen. Deshalb absolviere ich gerade einen Wochenendkurs bei der IHK. Die neuen Kenntnisse bringe ich nach Abschluss dann gerne erfolgreich in Ihr Unternehmen ein."

„Als ausgesprochener Teamplayer ist für mich das effektive Zusammenspiel mit Kollegen von großer Bedeutung.

Selbstständiges und verantwortungsbewusstes Arbeiten können Sie bei mir ebenfalls voraussetzen."

4. Zum Schluss:

„Wenn Sie im Moment keinen konkreten Personalbedarf haben, bitte ich Sie herzlich, meine Bewerbungsunterlagen für den Fall einer künftigen Vakanz im Archiv zu behalten."

„Sollte ich mit meinen Unterlagen Ihr Interesse geweckt haben, freue ich mich, Sie zu einem persönlichen Gespräch besuchen zu dürfen."

„Wenn ich Sie ein bisschen neugierig gemacht habe, dann freue ich mich auf eine Einladung zum Vorstellungsgespräch."

„Wenn Sie Mitarbeiter suchen, die gerne planvoll und effektiv Dinge für Sie bewegen, dann bin ich der Richtige für Sie. Im persönlichen Gespräch stelle ich mich Ihnen gerne noch näher vor."

„Wenn Sie mehr von mir erfahren möchten, dann komme ich gerne zu einem Vorstellungsgespräch bei Ihnen vorbei."

„Wenn ich Sie neugierig auf mein Gesamtpaket gemacht habe, dann freue ich mich sehr. Über eine Einladung zum Vorstellungsgespräch freue ich mich und komme gerne bei Ihnen vorbei."

„Im persönlichen Gespräch erzähle ich gerne mehr von mir und meinen Erfahrungen. Wenn Sie mich einladen, komme ich umgehend bei Ihnen vorbei."

„Wollen Sie mehr über mich erfahren? Dann laden Sie mich doch zu einem Vorstellungsgespräch ein. Ich komme gerne bei Ihnen vorbei."

5. Die P.S.-Zeile:

„Mit Organisationstalent und bester Improvisationsfähigkeit bringe ich frischen Wind in Ihr Büro."

„Übrigens: Die meisten Menschen lesen die P.S.-Zeile. Ich nutze sie heute, um Sie auf mein Organisationstalent aufmerksam zu machen."

„Bestimmt haben Sie sehr viel zu tun. Deshalb danke ich Ihnen, dass Sie mein Anschreiben gelesen haben. Sehr gerne nehme ich Ihnen auch Arbeit ab: Ich bin eine erfahrene Bürokauffrau, die effektiv Dinge bewegen kann."

„Erfahrung bringt Qualität. Und Qualität macht Kunden zu Stammkunden. Genau das ist mein Geheimrezept als XXX."

Nehmen Sie diese Beispiele oder denken Sie sich eigene aus. Entscheidend ist, dass Sie die P.S.-Zeile zu Ihrem Vorteil nutzen. Denken Sie daran: Sie wollen sich ja von den anderen 212 Bewerbern erfolgreich unterscheiden.

MUSTERANSCHREIBEN FÜR 36 BERUFE
Arzthelferin

Vorname Name – Straße xx – xxxxx Ort

Firma XXX
Straße XX
XXXXX Musterort

Professionalität und rasche Auffassungsgabe: Bewerbung als Arzthelferin

Sehr geehrte Damen und Herren,

als engagierte Fachkraft mit Erfahrung und Organisationstalent bewerbe ich mich heute bei Ihnen als Arzthelferin.

Zu meinem bisherigen Aufgabenbereich zählt der gesamte Empfangsbereich mit allen anfallenden Arbeiten, Abrechnung, physikalische Therapie, Wechseln von Verbänden und Schienen, Verabreichung von Injektionen (i.m.) Blutabnahme, Entfernung von Klammern und Fäden, Wundverbände erneuern, Vorbereitung von Punktionen und Gipsarbeiten, sowie Lösen von Akupunkturnadeln und Schröpfkugeln, Infusionen vorbereiten, das Begleiten der Ärzte mit Dokumentation in PC sowie alles erwünschte anreichen, Einblicke in die OP Organisationen, Blutentnahme für Kreuzblut und kurze Zeit MRT.

Berufsbild der Arzthelferin und der tagtägliche Umgang mit Patienten waren damals Anlass für meine Berufsentscheidung. Heute, nach sechs Jahren Berufserfahrung, weiß ich, dass diese Entscheidung goldrichtig war: Ich arbeite sehr gerne in meinem Beruf.

Patienten beraten und betreuen, die Verwaltung in Schwung halten, den Service für die Ärzte effektiv zu takten und dabei auch noch mit freundlicher Telefonstimme die Praxis professionell vertreten: All das kann ich. Mit Gespür für Teamarbeit und rascher Auffassungsgabe gestalte ich den Arbeitstag planvoll und trete dabei stets freundlich und selbstbewusst auf. Eigenständiges Arbeiten und Flexibilität können Sie bei mir voraussetzen.

Wenn meine Bewerbung Ihr Interesse geweckt hat, freue ich mich sehr über eine Einladung zu einem persönlichen Gespräch.

Mit freundlichen Grüßen

Assistentin-Akademie

Vorname Name – Straße xx – xxxxx Ort

Firma XXX
Straße XX
XXXXX Musterort

Kommunikation die ankommt: Bewerbung als Assistentin Akademieleitung

Sehr geehrte Frau V.,

Menschen bewegen, Personal effizient entwickeln und dafür die Bühne jederzeit reibungslos effizient einsatzbereit zu halten: Das ist mein Ding!

Mit raffiniertem Organisationstalent und Fachwissen habe ich als gelernte Bankkauffrau bisher und auch als Standortleiterin in der Weiterbildung dafür gesorgt, dass die Koordination optimal und reibungslos abläuft.
Dabei hilft mir mein analytisches Denken. Ich bin eine kommunikations-starke und humorvolle, aber dennoch entscheidungsfreudige Persönlichkeit. Schulungen habe ich auch schon erfolgreich vorbereitet: Konzepterstellung und Seminarorganisation waren fester Bestandteil meiner Tätigkeit bei der XXX-Bank. Beides ging mir sehr leicht von der Hand. Ebenso wie das Ver-fassen und Texten von Unternehmens-Rundschreiben.

Ich habe eine Vorliebe für Kommunikation, die ankommt. Aktiv zuhören, hochpräzise ausdrücken und empathisch aufnehmen sind Voraussetzungen dafür, die ich Ihnen gerne mitbringe. Ihre Akademie vertrete ich völlig professionell mit freundlicher Telefonstimme nach außen. Ich kann Menschen effektiv und einfühlsam beraten. So halte ich leicht positiven Kontakt zu Teilnehmern, Kunden und Dozenten.

Eine meine besonderen Stärken ist die selbständige, engagierte und absolut zuverlässige Arbeitsweise. Außerdem können Sie von mir dienst-leistungsorientiertes verbindliches und selbstbewusstes Auftreten erwarten.

Da die Befristung meines jetzigen Arbeitsvertrages demnächst ausläuft, kann ich Ihnen unter der Berücksichtigung der gesetzlichen Kündigungs-frist kurzfristig zur Verfügung stehen. Meine Gehaltsvorstellung liegt bei 60.000,-- €.

Habe ich Ihr Interesse geweckt? Dann freue ich mich über eine positive Kontaktaufnahme.

Mit freundlichen Grüßen

Außendienstmitarbeiter

Vorname Name – Straße xx – xxxxx Ort

Firma XXX
Straße XX
XXXXX Musterort

Ich habe ein Geheimrezept: Bewerbung als Außendienstmitarbeiter

Sehr geehrte Frau Musterfrau,

ich biete Ihnen mein Geheimrezept als guter Verkäufer an:

Professionalität gepaart mit Empathie!

Denn Menschen fühlen sich in meiner Gegenwart auf Augenhöhe, sie öffnen sich mir gegenüber rasch. Spielerisch kann ich mich auf unterschiedliche Personen einlassen und sie nach ihren individuellen Bedürfnissen beraten.

Sie fühlen sich bei mir gut aufgehoben.

Zusammen mit meiner professionellen Ausstrahlung, meiner Fachkompetenz und Abschlusssicherheit erhalten Sie mit mir einen Mitarbeiter, bei dem die Menschen einfach gerne kaufen.

Wenn Sie mehr von mir erfahren möchten, laden Sie mich zu einem Vorstellungsgespräch ein.

Mit freundlichen Grüßen

Max Mustermann

Auslieferungsfahrer

Vorname Name – Straße xx – xxxxx Ort

Firma XXX
Straße XX
XXXXX Musterort

Stets hohe Arbeitsqualität: Bewerbung als Auslieferungsfahrer

Sehr geehrte Frau Musterchefin,

gerade habe ich Ihre Stellenanzeige „Fahrer gesucht" im Internet gelesen. Nun möchte ich mich Ihnen als zuverlässigen und belastbaren Mitarbeiter empfehlen.

Wenn Sie wollen, bewege ich was für Sie!

Mit mehr als elf Jahren Berufserfahrung im Transport von Güter und der Beförderung von Personen habe ich umfangreiche Fähigkeiten und Fertigkeiten erworben, die ich nun gerne zu Gunsten Ihres Unternehmens einbringen möchte.

Insbesondere hervorzuheben, möchte meine ausgeprägte Kundenorientierung und Sorgfalt: Gewissenhaft kann ich meine eigene Arbeit genau und fehlerfrei durchführen und die Arbeitsqualität stets überprüfen. Bedürfnisse und Wünsche von Kunden sind mir sehr wichtig.

Psychisch und körperlich bin ich belastbar. Auch unter Zeitdruck und hohem Arbeitsaufkommen bleibe ich leistungsfähig und freundlich. Ich packe gerne auch kräftig mit an, damit die Waren pünktlich ankommen.

Trotz alledem bin ich bisher kein „Kunde" in Flensburg und fahre bis heute immer unfallfrei.

Sollte ich Sie neugierig gemacht haben, dann freue ich mich über eine positive Kontaktaufnahme

Mit freundlichem Gruß

Bootsbauer

Vorname Name – Straße xx – xxxxx Ort

Firma XXX
Straße XX
XXXXX Musterort

Geschick und Perfektion: Bewerbung als Bootsbauer

Sehr geehrte Frau Musterfrau,

mit großem Interesse habe ich Ihre Stellenanzeige `Bootsbauer gesucht´ im Internet gelesen und bewerbe mich nun bei Ihrer Werft.
Ich bin Handwerker mit Leib und Seele und einem gewissen `Händchen´ für Perfektion. Als Gas- und Wasserinstallateur habe ich umfangreiche Erfahrungen aus 27 Jahren Berufstätigkeit insbesondere im Bereich der Bauklempnerei. Mein Fähigkeiten, Fertigkeiten und Kenntnisse in angrenzenden Gewerken wie z.b. Dachdeckerei, Tischlerei, Zimmerei und Fassadenbau sind ausgesprochen vielseitig und von sehr hoher Qualität.

Meine Leidenschaft für Meer, Schiffe und Wassersport entstand bereits in frühster Jugend. Kiel, Eckernförde, Kappeln, Neustadt und Flensburg waren Stationen bei der Bundesmarine, die meiner Neigung in diesem Sinne entgegenkamen.

Yachtbau, den Sie betreiben, Schiff, die von Ihnen gestaltet und gebaut werden: Das ist aus meiner Sicht Perfektion und Leidenschaft zugleich. Obwohl ich keinen Berufsabschluss als Bootsbauer habe, bin ich mir völlig sicher, dass ich meine fachlichen und sozialen Qualitäten zu Gunsten Ihrer Werft erfolgreich einbringen kann. Takeln kann ich noch nicht – Viele andere Anforderungen aus Ihrer Stellenausschreibung erfülle ich ganz sicher.

Als kommunikationsstarker und einfühlsamer Kollege, bei dem Weiterbildung immer hoch im Kurs steht, der stets hilft, wenn Not am Mann ist und den geschulten Blick für Qualität mit- bringt, besitze ich aus Gewissheit den Mut, mich bei Ihnen zu bewerben.

Über eine Einladung zum Vorstellungsgespräch freue ich mich sehr.

Mit freundlichen Grüßen verbleibt

Buchhalter

Vorname Name – Straße xx – xxxxx Ort

Firma XXX
Straße XX
XXXXX Musterort

Raffinierte Organisation und hohe Affinität zu Zahlen: Bewerbung als erfahrene Buchhalterin

Sehr geehrter Herr XXX,

was früher mit einem Rechenschieber begann, setzt sich heute am PC fort: Immer schon war ich begeistert von der Welt der Zahlen! Da fühlte ich mich zu Hause! Dass da am Ende der Ausbildungsphase eine Einzelhandelskauffrau und Buchhalterin dabei herauskommen musste, war schon früh völlig klar. Nun bewerbe ich mich bei Ihnen, weil mir auffiel, dass mein umfangreiches Bewerberprofil mit Ihrem ausführlichem Stellenprofil beeindruckend viele Gemeinsamkeiten aufweist.

Auf Du und Du bin ich seit Jahren mit der allgemeinen Buchhaltung: Buchen und Kontieren von Zahlungsein- und ausgängen, von Materialeinkäufen und -aufwendungen und Bankbuchhaltung geht mir ebenso leicht von der Hand wie die Vorbereitungen von Lohn- und Gehaltsabrechnungen für den Steuerberater. Mit meiner hohen Affinität für Zahlen überwache und analysiere ich den Zahlungsverkehr und sorge für verlässliche Debitoren/Kreditorenbuchhaltung.

Mit meiner positiven Einstellung zur Arbeit gehe ich tagtäglich planvoll und stets bestens strukturiert vor. Ich kann Abläufe raffiniert organisieren; Es macht mir viel Freude, wenn ich etwas bewegen kann. Selbst bei Stress und Hektik verliere ich weder Ruhe noch Freundlichkeit: Ich springe gerne auch einmal ein, wenn irgendwo Not am Mann ist. Ich bin eine Teamplayerin. Das habe ich in all den Jahren im Büro gelernt.

Im Arbeitsalltag kommen mir immer wieder meine Stärken zugute: Selbstständiges, umsichtiges und verantwortungsvolles Arbeiten ist für mich selbstverständlich. Mich zeichnet meine schnelle Auffassungsgabe aus, die nicht nur in der Einarbeitungszeit von Vorteil ist. Die Office Anwendungen sind mir seit Jahren vertraut, ich beherrsche sie sicher.

Mein derzeitiges Arbeitsverhältnis ist bis zum 30.09.2010 befristet, daher suche ich einen neuen Arbeitsplatz. Ihr Stellenangebot interessiert mich sehr, weil ich in Büro und Buchhaltung zu Hause bin. Selbst in meinem Alter arbeite ich in diesem Bereich fast immer auf der Überholspur! Über eine Einladung zu einem persönlichen Gespräch freue ich mich sehr.

Mit freundlichem Gruß

Bürokauffrau/Kauffrau für Bürokommunikation

Vorname Name – Straße xx – xxxxx Ort

Firma XXX
Straße XX
XXXXX Musterort

Engagement & Erfahrung: Bewerbung als Schulsekretärin für die Gemeinschaftsschule

Sehr geehrte Frau Musterchefin,

weil mich junge Menschen interessieren, bewerbe ich mich bei Ihnen und biete Ihnen heute meine 28 jährige Erfahrung im Sekretariat an.

Über einen Zeitraum von fünf Jahren war ich aktiv im Vorstand des Fördervereins der XXX-Schule tätig und kenne auch aus dieser Sicht die Gepflogenheiten und Bedingungen einer Schule.

Ich mag den persönlichen und telefonischen Kontakt mit kleinen und großen Menschen, kann gut organisieren und planen. Mich zeichnet meine schnelle Auffassungsgabe aus, die nicht nur in der Einarbeitungszeit ein entscheidender Vorteil ist. Mit den Office Anwendungen bin ich vertraut: Ich kann zuverlässig und schnell damit umgehen.

Eigenverantwortliches und selbst-ständiges Arbeiten ist für mich selbstverständlich. Teamfähigkeit, Kommunikationsfreude sowie zeitliche Flexibilität bringe ich auch mit. Dies trifft ganz besonders zu seit meine eigenen Kinder auf eigenen Füßen stehen.

Die von Ihnen genannten Merkmale sind mir vertraut, entsprechen meinen persönlichen Neigungen und haben mir in der Vergangenheit stets besonders viel Freude bereitet.

Ich freue mich auf ein persönliches Gespräch, im dem ich Ihnen meine Qualifikationen und Fähigkeiten gerne näher vorstelle.

Mit freundlichem Gruß

Vorname Name – Straße xx – xxxxx Ort

Firma XXX
Straße XX
XXXXX Musterort

Einfach mehrfach Nutzen: Effiziente Bürokauffrau bietet Organisationstalent

Sehr geehrter Herr XXXX,

sicherlich bekommen Sie täglich sehr viele Briefe. Dabei haben Sie doch kaum   genug Zeit alle auch zu lesen. Und jetzt schreibe auch noch ich. Aber ich habe eine sehr gute Nachricht für Sie: Ich helfe Ihnen sofort beim Sortieren und Auswerten der täglichen Post. Das mache ich sogar sehr gerne!

Mit der wirtschaftlichen und effizienten Erledigung aller anfallenden Büro- und Verwaltungsaufgaben bin ich bestens vertraut. In sieben Jahren im Bürobereich habe ich gelernt jegliche Korrespondenz zu führen und zu verwalten. Ich bin ausgebildete Kauffrau für Bürokommunikation und mag es Dinge zu bewegen. Im Arbeitsalltag kommen mir immer wieder meine Stärken, Fähigkeiten und Fertigkeiten zugute: Selbständiges wie kunden- und firmenorientiertes Arbeiten ist für mich selbstverständlich und für Sie einfach prima. Meine wirklich aus-geprägte Kommunikationsfähigkeit und das Organisationstalent runden mein persönliches Profil perfekt ab. Ich vertrete Ihr Unternehmen mit angenehmer Stimme am Telefon professionell und kompetent nach außen. Mich zeichnet eine besonders schnelle Auffassungsgabe aus, die nicht nur in der Einarbeitungszeit ein Vorteil ist. Die Office Anwendungen sind mir seit Jahren vertraut, ich beherrsche sie sicher.

Wie Sie sehen: Mit mir buchen Sie einfach gleich mehrfachen Nutzen! Können Sie wirklich darauf verzichten? Überprüfen Sie dies doch einmal.

Wenn ich Sie ein bisschen neugierig gemacht habe, freue ich mich über eine positive Kontaktaufnahme, gerne auch per E-Mail.

Mit freundlichem Gruß

Vorname Name – Straße xx – xxxxx Ort

Firma XXX
Straße XX
XXXXX Musterort

Raffiniert organisieren: Bewerbung als Bürokauffrau im sozialen Bereich

Sehr geehrte Frau Musterchefin,

mit sehr großer Freude habe ich Ihre Stellenausschreibung im xxxxx gelesen. Nun bewerbe ich mich bei Ihnen, weil ich mir sehr sicher bin, dass ich als teamfähige, engagierte und beratungserfahrene Bürokauffrau für Ihren Standort Musterstadt exakt die Richtige für Sie bin.

Dinge raffiniert zu organisieren, dabei auch stets die Menschlichkeit im Blick zu behalten, trotz Tempo bei Stress und Hektik weder Ruhe noch den Blick auf das große Ganze zu verlieren und einzuspringen, wenn Not am Mensch ist: Das habe ich in 18 Jahren im Bürobereich gelernt. Ich bin ausgebildete Industriekauffrau. Erfahrung im Aufbau einer Verwaltung von Null auf Hundert konnte ich bei meinem jetzigen Arbeitgeber machen.

Im Arbeitsalltag kommen mir immer wieder meine Stärken, Fähigkeiten und Fertigkeiten zugute: Selbstständiges und umsichtiges Arbeiten ist für mich selbstverständlich. Mich zeichnet eine schnelle Auffassungsgabe aus, die nicht nur in der Einarbeitungszeit ein Vorteil ist. Die Office Anwendungen sind mir seit Jahren vertraut.

In meiner jetzigen Tätigkeit als Verwaltungskraft in einem Projekt mit sozial Benachteiligten, habe ich viel Freude im Umgang mit den Kunden. Die täglichen Reaktionen zeigen mir, dass ich mich gut auf andere Menschen einstellen und in sie einfühlen kann. Mich reizt besonders die Mischung aus Verwaltungsaufgaben und respektvollem, unterstützendem Umgang mit Menschen. Empathie ist mir besonders wichtig.

Mein derzeitiges Arbeitsverhältnis ist bis zum xx.xx.20xx befristet, daher suche ich einen neuen Arbeitsplatz. Ihr Stellenangebot interessiert mich sehr, insbesondere weil mir Ihr Menschenbild gefällt, wie es auf der Homepage deutlich wird.

Über eine Einladung zu einem persönlichen Gespräch freue ich mich sehr.

Mit freundlichem Gruß

Vorname Name – Straße xx – xxxxx Ort

Firma XXX
Straße XX
XXXXX Musterort

Trend bewusste Bürokauffrau bietet Mitarbeit: Bewerbung als Mitarbeiterin im Nageldesign- Versandhandel

Sehr geehrte Frau Musterchefin,

mit großem Interesse habe ich Ihre Stellenanzeige im Internet gelesen und möchte mich Ihnen heute als zuverlässige Bürokauffrau mit innovativen Ideen empfehlen.

Nach der abgeschlossenen Ausbildung zur Kauffrau für Bürokommunikation war ich sieben Jahre Sachbearbeiterin im Innendienst. Mit der Erledigung aller anfallenden Büro- und Verwaltungsaufgaben, dem Einkauf, der Terminplanung und -überwachung, der Vorbereitung und Durchführung von Veranstaltungen bin ich bestens vertraut.

Meine Kenntnisse und kreativen Fähigkeiten im Nageldesign stelle ich auch gerne Ihren Kunden zur Verfügung: Ich schreibe gern. Die ansprechende Formulierung und Ausgestaltung von Newslettern und Produktbeschreibungen geht mir sicher locker von der Hand. Ich verfüge über gute Kenntnisse in den MS Office-

Anwendungen Word, Excel und Outlook. Quark Xpress beherrsche ich sicher. Englischkenntnisse in Wort und Schrift können Sie als selbstverständlich voraussetzen.

Ich arbeite selbstständig und kundenorientiert. Meine ausgeprägte Kommunikationsfähigkeit und auch mein Organisationstalent gehören zu meinen Stärken. Flexibilität und Belastbarkeit auch in hektischen Zeiten runden mein persönliches Profil ab.

Über eine Einladung zum persönlichen Gespräch freue ich mich sehr.

Mit freundlichen Grüßen

Vorname Name – Straße xx – xxxxx Ort

Firma XXX
Straße XX
XXXXX Musterort

Fachkompetenz! Erfahrene Bürokauffrau bietet effiziente Mitarbeit

Sehr geehrter Herr XXX,

mit sehr großer Freude habe ich die Stellenausschreibung in der Jobbörse gelesen. Nun bewerbe ich mich bei Ihnen, weil ich mir sehr sicher bin, dass ich als teamfähige und engagierte Bürokauffrau für diese Stelle exakt die Richtige für bin. Mit der wirtschaftlichen und effizienten Erledigung aller anfallenden Büro- und Verwaltungsaufgaben bin ich bestens vertraut. In sieben Jahren im Bürobereich einer Vertriebsfirma habe ich gelernt jegliche Korrespondenz zu führen und Termine zu planen und zu überwachen. Die Bearbeitung der Post und die Büroorganisation gehörten ebenfalls zu meinen Aufgaben.

Als ausgebildete Kauffrau für Bürokommunikation kommen mir im Arbeitsalltag immer wieder meine Stärken, Fähigkeiten und Fertigkeiten zugute: Selbständiges wie kunden- und firmenorientiertes Arbeiten sind für mich selbstverständlich. Meine ausgeprägte Kommunikationsfähigkeit und meine Dienstleistungsbereitschaft runden mein persönliches Profil ab. Mich zeichnet eine schnelle Auffassungsgabe aus, die nicht nur in der Einarbeitungszeit ein Vorteil ist. Die Office Anwendungen sind mir seit Jahren vertraut, ich beherrsche sie sicher.

Wenn ich Sie ein bisschen neugierig gemacht habe, freue ich mich sehr über eine Einladung zu einem persönlichen Gespräch.

Mit freundlichem Gruß

Busfahrer

Vorname Name – Straße xx – xxxxx Ort

Firma XXX
Straße XX
XXXXX Musterort

Besonnen & Zuverlässig: Bewerbung als Busfahrer

Sehr geehrte Frau Musterchefin,

Sie als Busbetriebsgesellschaft sind auf zuverlässige und umsichtige Busfahrer mit vorausschauender Fahrweise angewiesen. Aus diesem Grunde möchte ich mich Ihnen als kompetenter Mitarbeiter empfehlen.

Zur Zeit arbeite ich als Busfahrer bei der Firma XXX. Fahren von Schullinien, normalem Linienverkehr in XXX und XXX sowie die sogenannte „Disco-Tour" zählen zu meinen Aufgaben.

Bei meiner Berufstätigkeit ist mir besonders wichtig, dass meine Fahrgäste ihre Ziele sicher und schnell erreichen. Dies realisiere ich durch Besonnenheit und Ruhe – auch wenn es einmal so richtig stressig wird. Zusätzlich gelingt es mir mit meiner freundlichen Ausstrahlung und ausgeprägten Freude am Umgang mit Menschen meine persönlichen Beitrag zu einem guten Firmenimage zu leisten.

Betriebsübliche Schichtarbeit ist für mich keine Phrase, sondern einfach selbstverständlich. Für neue Aufgabengebiete bin ich jederzeit aufgeschlossen. Weiterbildung gehört heutzutage einfach dazu.

Auch wenn ich als Fahrer verantwortungsbewusst und selbstständig arbeite, sehe ich mich trotzdem als ausgesprochenen Teamplayer: Gemeinsam mit Kollegen Ziele zu erreichen, ist für mich von großer Bedeutung.

Wenn Sie mehr von mir erfahren möchten, dann laden Sie mich doch einfach zu einem Vorstellungsgespräch ein. Darüber freue ich mich sehr.

Mit freundlichen Grüßen

Vorname Name – Straße xx – xxxxx Ort

Firma XXX
Straße XX
XXXXX Musterort

Besonnen & zuverlässig: Bewerbung als Busfahrer

Sehr geehrte Frau S-V,

als Verkehrsbetrieb sind auf zuverlässige und umsichtige Busfahrer mit vorausschauender Fahrweise angewiesen.

Aus diesem Grunde möchte ich mich Ihnen als kompetenter Mitarbeiter empfehlen.

Bisher war ich als zuverlässiger Auslieferungsfahrer fast zehn Jahre erfolgreich im Einsatz. Verantwortung für anvertraute Werte wie zum Beispiel hochwertige Küchen habe ich immer gerne übernommen. Bei meiner Berufstätigkeit ist mir besonders wichtig, dass Termine eingehalten und Ziele sicher und zuverlässig erreicht werden.

Mit ausgeprägter Kundenorientierung und Kommunikationsstärke habe ich beruflich gerne mit Menschen zu tun. Mit hoher Servicequalität Ihre Fahrgäste zu informieren und dabei das Unternehmen professionell nach außen zu vertreten: Das will ich unbedingt.
Selbst wenn es im Alltag einmal so richtig stressig wird reagiere ich mit Besonnenheit und Ruhe. Zusätzlich gelingt es mir mit meiner freundlichen Ausstrahlung sicherlich auch bei Fahrscheinverkauf und -kontrolle meinen persönlichen Beitrag zu einem guten Firmenimage zu leisten.

Betriebsübliche Schichtarbeit ist für mich keine Phrase, sondern einfach selbstverständlich. Für neue Aufgabengebiete bin ich jederzeit aufgeschlossen. Weiterbildung gehört heutzutage einfach dazu. Auch wenn ich als Fahrer verantwortungsbewusst und selbstständig arbeite, sehe ich mich trotzdem als ausgesprochenen Teamplayer: Gemeinsam mit Kollegen Ziele zu erreichen, ist für mich von großer Bedeutung. Wenn Sie mehr von mir erfahren möchten, dann freue ich mich über eine positive Kontaktaufnahme.
Mit freundlichen Grüßen

Call-Center-Agent

Vorname Name – Straße xx – xxxxx Ort

Firma XXX
Straße XX
XXXXX Musterort

Telefonerfahrung auf höchstem Niveau: Bewerbung als Call-Center-Agent

Sehr geehrte Frau XXX,

auf der Suche nach einem passenden Unternehmen, bei der ich meine umfangreichen Erfahrungen erfolgreich einbringen kann, bin ich im Internet auf Ihren Betrieb und Ihr Stellenangebot aufmerksam geworden.

Kundenberatung am Telefon: Das ist mein Ding. Das kann ich wirklich sehr gut und deshalb erhalten Sie heute meine Bewerbung. In der Vergangenheit war ich als Profi in der Reklamationabteilung erfolgreich tätig. Dies ist zwar bereits einige Jahre her, aber Sie wissen es ja; Talent verliert man nicht.

Neben telefonischer Reklamationsannahme und Kundensupport zählten die administrative Abwicklung von Werkstaufträgen, Auftragsannahme und –bearbeitung sowie Rücksendung an Lieferanten zu meinen Aufgabengebieten.

Da ich eine positive Einstellung zu meiner Arbeit habe und Veränderungen gegenüber sehr aufgeschlossen bin, kann ich mich jederzeit mit rascher Auffassungsgabe schnell einarbeiten. Besonders wichtig sind mir Sorgfalt, Qualität und Genauigkeit. Wegen meiner ausgeglichenen und zuvorkommenden Art kann ich dazu beitragen, für die verschiedensten Kundenprobleme Lösungen zu finden. Ich habe ein Händchen für Wünsche und Sorgen anderer Menschen. Ich berate gerne. Dabei lasse ich mich nicht so schnell aus der Ruhe bringen.

Gern arbeite ich in einem motivierten Team, übernehme aber auch selbstständig und eigenverantwortlich Aufgaben. Selbst-verständlich verfüge ich auch über EDV – Kenntnisse im Bereich MS-Office.

Sollten Sie Interesse an einer Beraterin mit solider Telefonerfahrung auf höchstem Niveau haben, dann freue ich mich auf eine positive Kontaktaufnahme.

Mit freundlichen Grüßen

Drucker/Tiefdrucker

Vorname Name – Straße xx – xxxxx Ort

Firma XXX
Straße XX
XXXXX Musterort

Sicheres Farbauge bietet Mitarbeit: Bewerbung als Drucker Fachbereich Tiefdruck

Sehr geehrte Frau Musterchefin,

jede Druckerei ist auf qualifizierte und kompetente Mitarbeiter angewiesen. Aus diesem Grunde möchte ich mich Ihnen heute als Drucker empfehlen.

Meine Berufsausbildung zum Tiefdrucker habe ich bei der Firma XXX in YYY erfolgreich abgeschlossen. Während dieser Zeit konnte ich mir umfassende fachtheoretische und vor allem auch praktische Fähigkeiten und Fertigkeiten aneignen. Im Anschluss an die Ausbildung wurde ich übernommen und konnte mein Wissen erfolgreich anwenden und erheblich erweitern.

Die Überwachung der Passer- und Farbqualität während des Fortdruckes, Überprüfung der Druckmenge und Materialverbräuche zählten ebenso zu meinen Kompetenzen wie ein sicheres Farbauge und ein ausgesprochenes Gefühl für Ästhetik.

Gemeinsam mit Kollegen Tagesziele zu erreichen und bei Problemen erfolgreich Lösungen zu finden, ist mir besonders wichtig. Als Teamplayer helfe ich anderen gerne, wenn mal Not am Mann ist. Zeitlich bin ich jederzeit flexibel einsetzbar. Eigenständiges und verantwortungs-bewusstes Arbeiten ist für mich selbstverständlich. Mit großem Interesse stelle ich mich neuen Aufgaben. Dies zeigte sich in der Vergangenheit stets dann, wenn ich an für mich neuen Maschinen eingesetzt wurde. Weiterbildung steht eben auf meinem Stundenplan ganz oben.

Als Anlagen übersende ich Ihnen Lebenslauf mit Lichtbild und Zeugnissen. Wenn Sie mehr über mich erfahren möchten, dann laden Sie mich doch zu einem Vorstellungsgespräch ein. Dann freue ich mich sehr und komme gerne bei Ihnen vorbei.

Mit freundlichem Gruß

Empfangsmitarbeiterin im Hotel

Vorname Name – Straße xx – xxxxx Ort

Firma XXX
Straße XX
XXXXX Musterort

Freundlich und kompetent: Bewerbung als Empfangsmitarbeiterin

Sehr geehrter Herr XXX,

sehr gerne bewerbe ich mich bei Ihnen als Empfangsmitarbeiterin. Mit Motivation und Leistungsbereitschaft für Ihre Gäste da zu sein: Das wünsche ich mir sehr.

Ich bringe für Sie gleich zwei Ausbildungen mit. Als gelernte Kellnerin kenne ich das Gastronomie- und Restaurantfach. Nach der Ausbildung war ich mit viel Engagement und Freude für Gästeempfang und Begrüßung zuständig. Und als erfahrene Kauffrau für Bürokommunikation kann ich mit Organisationstalent in Büro und Verwaltung dafür sorgen, dass es erfolgreich rund läuft.

Im Arbeitsalltag kommen mir immer wieder meine Stärken, Fähigkeiten und Fertigkeiten zugute: Selbständiges und kundenorientiertes Arbeiten ist für mich selbstverständlich. Das bestätigt mir sicherlich auch mein derzeitiger

Arbeitgeber XXX Catering im Bildungszentrum XXX. Hier bin ich derzeit nebenberuflich als Service- und Barkraft beschäftigt.

Ich habe große Freude am Wohlgefühl der Gäste!

Mit ausgeprägter Kommunikationsfähigkeit gestalte ich meinen Alltag strukturiert und äußerst planvoll. Mit meiner sympathischen Telefon-stimme vertrete ich das Unternehmen kompetent nach außen. Mich zeichnet eine schnelle Auffassungsgabe aus, die mir die Einarbeitung in die speziellen Anforderungen Ihres Unternehmens leichtmacht. Die Office Anwendungen sind mir seit Jahren vertraut, ich beherrsche sie sicher.

Wenn ich Sie ein bisschen neugierig gemacht habe, freue ich mich sehr über eine Einladung zu einem persönlichen Gespräch.

Mit freundlichem Gruß

Fachlagerist

Vorname Name – Straße xx – xxxxx Ort

Firma XXX
Straße XX
XXXXX Musterort

Dinge gerne bewegen: Bewerbung als Lagerist

Sehr geehrte Frau XXX,

gerade habe ich Ihre Stellenanzeige im XXX-Markt gelesen. Nun möchte ich mich Ihnen gerne als zuverlässiger und belastbarer Mitarbeiter im Lager empfehlen.

Wenn Sie wollen, bewege ich was für Sie!

Mit mehr als elf Jahren Berufserfahrung im Transport von Gütern und im Lager habe ich umfangreiche Fähigkeiten und Fertigkeiten erworben, die ich gerne zu Gunsten Ihres Unternehmens einbringen möchte.

Insbesondere hervorheben möchte ich neben Kenntnissen in der Warenannahme und Kommissionierung meine Sorgfalt und Gewissenhaftigkeit. Ich kann meine eigene Arbeit genau, flink und trotzdem fehlerfrei durchführen.

Psychisch und körperlich bin ich belastbar. Auch unter Zeitdruck und hohem Arbeitsaufkommen bleibe ich stets leistungsfähig. Ich packe gerne auch kräftig mit an, damit die Waren pünktlich ankommen.

Des weiteren verfüge ich über gute Englischkenntnisse.

Sollte ich Sie neugierig gemacht haben, freue ich mich über eine positive Kontaktaufnahme.

Mit freundlichem Gruß

Vorname Name – Straße xx – xxxxx Ort

Firma XXX
Straße XX
XXXXX Musterort

Stets hohe Arbeitsqualität: Bewerbung als Fachkraft für Lagerlogistik

Sehr geehrte Frau Musterchefin,

ich nehme Bezug auf unser heutiges Telefonat und bewerbe mich bei Ihnen als Fachkraft für Lagerlogistik.

Sie wünschen sich einen Mitarbeiter, der über einen Staplerschein verfügt und sich bestens im Kommissionieren auskennt.

Diesem Profil glaube ich zu entsprechen, da ich zwölf Jahre als Teamleiter in einem Hochregallager tätig war. Vier Mitarbeiter gehörten zu meinem Team. Personaleinsatz und -planung, Materialbeschaffung, Wareneingang und -ausgang sowie die Datenpflege im Lagerverwaltungsystem Infor gehörten zu meinem Aufgabenbereich. Fachliche Kenntnisse habe ich außerdem noch in Kleinteilelägern mit Paternoster und verfüge über die notwendigen Führerscheine.

Neben allen fachlichen Fertigkeiten gehörte der Umgang mit Lieferanten und übergeordneten Abteilungen ebenso zu meiner alltäglichen Arbeit. Hier war stets schnelle und unkomplizierte Vorgehensweise gefragt. Mich zeichnet meine freundliche und ergebnisorientierte Arbeitsweise aus, die mir auch von meinen bisherigen Arbeitgebern bescheinigt wird.

Gerne möchte ich Sie unterstützen und biete Ihnen an, für Sie auch zur Probe zu arbeiten, damit Sie sich ein Bild von meinen Qualifikationen machen können.

Wenn ich Ihren Vorstellungen von einem neuen Mitarbeiter entspreche, freue ich mich über eine Einladung zu einem persönlichen Gespräch.

Mit freundlichen Grüßen

Vorname Name – Straße xx – xxxxx Ort

Firma XXX
Straße XX
XXXXX Musterort

Technischer Sachverstand trifft auf gutes Organisationstalent: Bewerbung als Mitarbeiterin im Lager

Sehr geehrte Frau Musterchefin,

sehr gerne bewerbe ich mich als kompetente Mitarbeiterin bei Ihnen auf Ihre Stellenanzeige in der Zeitung XXX als Mitarbeiterin im Lager.

Als gelernte Karosserie- und Fahrzeugbauerin und Groß- und Außenhandelskauffrau mit mehrjähriger Berufserfahrung habe ich mir umfangreiche Kenntnisse und Fähigkeiten angeeignet, die ich gerne erfolgreich in Ihr Unternehmen einbringen möchte.

Wenn Sie wollen, bewege ich etwas für Sie!

Ich habe umfangreiche Erfahrungen im Lager eines Autohauses sowie eines Flurfördertechnikbetriebes. Sorgfältige Überprüfung des Wareneingangs und verlässliche Versandabwicklung gehören ebenso zu meinen Fähigkeiten wie die zuverlässige allgemeine Lagertätigkeit.

Mit Geschick und Organisationstalent bin ich es gewohnt verantwortungsbewusst und selbst-ständig zu arbeiten. Erfolge gemeinsam im Team zu erzielen ist mir ebenso wichtig wie kundenorientiertes Arbeiten. Durch meine ausgeprägte Auffassungsgabe arbeite ich mich schnell in neue Aufgabenbereiche ein. Gute PC- und Englischkenntnisse runden mein Profil ab.

Wenn Sie mich näher kennen lernen möchten, dann laden Sie mich doch zu einem Vorstellungsgespräch ein. Ich komme gerne bei Ihnen vorbei.

Mit freundlichen Grüßen

Fleischer

Vorname Name – Straße xx – xxxxx Ort

Firma XXX
Straße XX
XXXXX Musterort

Erfahrung und Kreativität: Bewerbung als Fleischermeister

Sehr geehrter Herr xxxxx,

als engagierter Fleischermeister, der mit Begeisterung seinem Beruf nachgeht und darüber hinaus serviceorientiert und im Verkauf stets kundenorientiert handelt möchte ich mich Ihnen heute als neuen Mitarbeiter empfehlen.

Als gelernter Fleischer mit 38 Jahren Erfahrung als Meister verfüge ich über die nötigen Kenntnisse und Fähigkeiten in dem von Ihnen gewünschten Bereich. Ich bin engagiert, flexibel und einsatzfreudig. Organisationsgeschick sowie eine zügige Arbeitsweise wird mir von meinen bisherigen Arbeitgebern bescheinigt. Mich kennzeichnet darüber hinaus ein ausgeprägtes Maß an Kreativität und Talent z.B. bei der Veredlung von Fleischprodukten.

Die Arbeitsweise nach HACCP und ein guter Umgang mit den Kunden ist für mich selbstverständlich. Zu meinen Stärken gehören auch erfolgreicher Umgang und ergebnisorientierte Führung von Personal.

Sehr gerne möchte ich Ihr Team unterstützen. Über eine positive Kontaktaufnahme freue ich mich sehr.

Mit freundlichen Grüßen

Frisör

Vorname Name – Straße xx – xxxxx Ort

Firma XXX
Straße XX
XXXXX Musterort

Natürlich schön: Bewerbung als Friseur im Herrenfach

Sehr geehrte Frau Musterchefin,

Sie suchen einen Frisör mit Köpfchen?

Als erfolgreicher Salon sind Sie auf Mitarbeiter mit Talent für hochklassige Friseurdienstleistungen angewiesen. Aus diesem Grunde möchte ich mich Ihnen heute gerne als Friseur mit 28 Jahren erfolgreicher Berufserfahrung im Herrenfach empfehlen.

Ob Dauerwellen, Färben oder Kundenberatung – Frisurgestaltung, Haarpflege oder Strähnen und Styling: Mit sicherem Blick und Talent für den passenden Schnitt lasse ich meine Kunden stets natürlich chic aussehen. Alle üblichen Fertigkeiten im Herrenfach können Sie bei mir selbstverständlich voraussetzen.

Als ausgesprochenes Highlight kann ich mein Gespür für den einfühlsamen Umgang mit Kunden in der Beratung und vor allem auch am Platz in Ihrem Berufsalltag im Salon einbringen. Für meine Kunden war ich wirklich mehr als nur ein Friseur – eben auch ein sehr gerne gebuchter Gesprächspartner.

Wenn ich Sie etwas neugierig auf mein Gesamtpaket gemacht habe, dann freue ich mich über einen positiven Kontakt.

Mit freundlichen Grüßen

Gärtner

Vorname Name – Straße xx – xxxxx Ort

Firma XXX
Straße XX
XXXXX Musterort

Kompetenz und Erfahrung: Bewerbung als Gärtnerin im Erholungspark

Sehr geehrte Frau Musterfrau,

als ausgebildete Gärtnerin bewerbe ich mich auf die von Ihnen ausgeschriebene Stelle für die kommende Saison.

Alle anfallenden Arbeiten, die Pflege der gestalteten Pflanzflächen und die Vorbereitungen Ihrer Veranstaltungen im Park habe ich bereits bei einem

Praktikum kennen gelernt. Ich weiß, worum es bei Ihnen geht.

Ich verfüge über jahrelange Erfahrungen im Landschaftsgartenbau, Friedhofswesen, kenne mich mit Stauden und Baumschulpflanzen aus und habe mich beruflich auch schon mit Arznei- und Heilpflanzen sowie mit alpiner Flora beschäftigt.

Mit Kontaktfreude und Feingefühl im Umgang mit Menschen gelingt mir die Arbeit im Team ebenso wie die erfolgreiche Unterstützung und Beratung der Parkbesucher. Selbstständig Arbeiten zu erfüllen ist mir ebenso wichtig wie die zielorientierte Projektarbeit. Mit meinem hohen Ausmaß an Kreativität und kommunikativer Kompetenz meistere ich auch neue Herausforderungen. Berufliche Weiterbildung ist für mich so selbstverständlich wie mein Wunsch nach persönlicher Entwicklung.

Sehr gerne erzähle ich Ihnen bei einem Vorstellungsgespräch mehr von mir.

Mit freundlichem Gruß

Groß- und Außenhandelskauffrau

Vorname Name – Straße xx – xxxxx Ort

Firma XXX
Straße XX
XXXXX Musterort

Groß- und Außenhandelskauffrau mit Erfahrung im Autohaus bietet engagierte Mitarbeit / Ihr Stellenangebot in der Jobbörse

Sehr geehrter Herr XXX,

Sie suchen eine serviceorientierte Mitarbeiterin, die sowohl eine kaufmännische Ausbildung als auch Berufserfahrung aus einem Autohaus mitbringt.

Als gelernte Groß- und Außenhandelskauffrau und gelernte Karosserie – und Fahrzeugbauerin mit mehrjähriger Berufserfahrung habe ich mir umfangreiche Kenntnisse und Fähigkeiten angeeignet. Darüber hinaus konnte ich bei der Firma XXX Automobile Erfahrung in der Serviceannahme sammeln.

Sie finden in mir eine Mitarbeiterin, die es gewohnt ist sowohl selbständig und eigenverantwortlich, als auch im Team zu arbeiten. Durch meine gute Auffassungsgabe arbeite ich mich schnell in neue Aufgabenreiche ein.

Meine Stärken sehe ich in meiner ausgeprägten Kundenorientierung, meinem fachlichen Können, und dem Willen zur Leistung. Belastbarkeit in den unterschiedlichen Arbeits-situationen habe ich stets unter Beweis gestellt.

Gern möchte ich zum Erfolg des Autohauses XXX beitragen und freue mich über die Einladung zu einem Vorstellungsgespräch.

Mit freundlichen Grüßen

Vorname Name – Straße xx – xxxxx Ort

Firma XXX
Straße XX
XXXXX Musterort

Groß- und Außenhandelskauffrau mit Erfahrung als Sachbearbeiterin und Karosseriebauerin

Sehr geehrte Damen und Herren,

Als gelernte Groß- und Außenhandelskauffrau und gelernte Karosserie– und Fahrzeugbauerin mit mehrjähriger Berufserfahrung habe ich mir umfangreiche Kenntnisse und Fähigkeiten angeeignet.

Sie finden in mir eine Mitarbeiterin, die es gewohnt ist sowohl selbständig und eigenverantwortlich, als auch im

Team zu arbeiten. Durch meine gute Auffassungsgabe arbeite ich mich schnell in neue Aufgabenbereiche ein.

Meine Stärken sehe ich in meiner ausgeprägten Kundenorientierung, meinem fachlichen Können, und dem Willen zur Leistung. Belastbarkeit in den unterschiedlichen Arbeits-situationen habe ich stets unter Beweis gestellt.

Mein fachliches Können stelle ich Ihnen gern auch durch ein Praktikum unter Beweis.

Gerne möchte ich Sie unterstützen und freue mich über die Einladung zu einem Vorstellungsgespräch.

Mit freundlichen Grüßen

Vorname Name – Straße xx – xxxxx Ort

Firma XXX
Straße XX
XXXXX Musterort

Groß- und Außenhandelskauffrau mit Erfahrung als Verkäufer im Innendienst bietet engagierte Mitarbeit

Sehr geehrte Frau J.,

ich nehme Bezug auf Ihr Stellenangebot in den „Lübecker Nachrichten" und bewerbe mich als Verkäuferin im Außendienst.

Für Ihr Unternehmen ist es wichtig, dass Sie über Mitarbeiter verfügen, die die Branche gut kennen, Berufserfahrungen mitbringen, engagiert und zuverlässig sind.

Als gelernte Groß- und Außenhandelskauffrau und gelernte Karosserie – und Fahrzeugbauerin mit mehrjähriger Berufserfahrung habe ich mir umfangreiche Kenntnisse und Fähigkeiten angeeignet.

Sie finden in mir eine Mitarbeiterin, die es gewohnt ist sowohl selbständig und eigenverantwortlich, als auch im Team zu arbeiten. Durch meine gute Auffassungsgabe arbeite ich mich schnell in neue Aufgabenbereiche ein.

Meine Stärken sehe ich in meiner ausgeprägten Kundenorientierung, meinem fachlichen Können, und dem Willen zur Leistung. Belastbarkeit in den unterschiedlichen Arbeitssituationen habe ich stets unter Beweis gestellt.

Gerne möchte ich Sie unterstützen und freue mich über die Einladung zu einem Vorstellungsgespräch.

Mit freundlichen Grüßen

Haushaltshilfe/Haushälterin/Hauswirtschafter in

Vorname Name – Straße xx – xxxxx Ort

Firma XXX
Straße XX
XXXXX Musterort

Diskret und technisch begabt: Bewerbung als Haushälterin

Sehr geehrte Frau Musterfrau,

mit großer Freude las ich Ihre Stellenanzeige im Internet. Nun bewerbe ich mich bei Ihnen, weil ich mir sicher bin, dass meine umfangreichen Fähigkeiten, die ich in der Vergangenheit als Haushälterin täglich unter Beweis stellen konnte, für Sie ideal sind.

Verlässlich, diskret, ordentlich und zuverlässig habe ich meine bisherigen Haushalte geführt. Hilfsbereitschaft und Ehrlichkeit sind mir persönlich besonders wichtig. Zeitliche Flexibilität ist für mich selbstverständlich. Eventuelle Mehrarbeit stellte niemals ein Problem dar.

Mein fachliches Profil erstreckt sich über den gesamten Bereich der Versorgung und intensiven Pflege von Haushalt und Garten. Technische Begabung und der Blick für hohe Qualität im Service unterstützen mich zur vollsten Zufriedenheit meiner bisherigen Arbeitgeber.

Stets entwickelte sich ein gutes Vertrauensverhältnis, das intensiven Umgang mit Haushaltsangehörigen und vor allem auch den Gästen des Hauses ermöglichte. Mit einwandfreier Haushaltsführung und ausgeprägtem Geschick für den Umgang mit Menschen, mit Kommunikationsstärke und Blick auf das große Ganze möchte ich mich gerne auch zu Ihren Gunsten einbringen.

Wenn Sie mich kennen lernen möchten, dann laden Sie mich zum Vorstellungsgespräch ein. Ich komme gerne bei Ihnen vorbei.

Mit freundlichen Grüßen

Vorname Name – Straße xx – xxxxx Ort

Firma XXX
Straße XX
XXXXX Musterort

Erfahrung trifft Leistungsbereitschaft: Bewerbung als Hauswirtschafterin

Sehr geehrte Frau Muster,

als zuverlässige Hauswirtschafterin mit umfangreichen Berufserfahrungen biete ich Ihnen heute meine Mitarbeit an.

Nach 20 Jahren im Beruf kann ich mit Freude und Zufriedenheit behaupten, dass Hauswirtschafterin für mich genau der richtige Beruf ist. Stets konnte ich bei meinen bisherigen Arbeitgebern meine positive Einstellung zur Arbeit unter Beweis stellen.

Meine fachlichen Schwerpunkte sind umfangreich und entsprechen dem typischen Berufsbild. Ob beim Garnieren und Anrichten von Speisen, beim Decken des Tisches unter Berücksichtigung verschiedener Mahlzeiten, Gerichte und Anlässe oder bei der Erstellung von Speiseplänen unter Berücksichtigung der aktuellen Jahreszeit und des Marktangebotes: In allen Bereichen zeige ich Qualitätsbewusstsein und gleichbleibend hohe Leistungsbereitschaft.

Die Planung und Ausgestaltung von Festen geht mir ebenso leicht von der Hand wie die Erstellung von Arbeits- und Tagesplänen. Kenntnisse im Tablettsystem sowie Grundsätze der Arbeitsplatzgestaltung und der Warenwirtschaft sowie umfangreiches Fachwissen in der Personalhygiene runden mein Profil erfolgreich ab.

Pflichtbewusst bin ich und arbeite gerne. Auch wenn es um die Reinigung und Pflege von Küche und Wirtschaftsräumen geht, zeige ich Engagement, Fleiß und Qualitäts-bewusstsein. Die Kenntnisse der HACCP-Richtlinien können Sie bei mir als selbst-verständlich voraussetzen. Pünktlichkeit, Ehrlichkeit und freundlicher Umgang mit anderen Menschen sowie ein hohes Maß an Flexibilität sind für mich selbstverständlich. Über eine Einladung zum persönlichen Gespräch freue ich mich sehr.

Mit freundlichem Gruß

Hausmeister

Vorname Name – Straße xx – xxxxx Ort

Firma XXX
Straße XX
XXXXX Musterort

Technisches Talent: Bewerbung als Hausmeister

Sehr geehrter Herr XXX,

als erfahrener Hausmeister interessiert mich die von Ihnen ausgeschrieben Stelle sehr. Daher möchte ich mich bei Ihnen bewerben.

Bereits während meiner langjährigen Tätigkeit bei der Firma XXX GmbH konnte ich Erfahrungen als Hausmeister sammeln. In den folgenden Jahren habe ich weiterhin umfangreiche Erfahrungen als Hausmeister in verschiedenen Häusern erwerben können.

Ich bringe großes handwerkliches Geschick mit, bin ideenreich was Reparaturen betrifft und kenne mich sehr gut bei der Reinigung von Außenanlagen aus. Mit Neigung und Talent für Garten- und Grünflächenpflege bin ich sicherlich der Richtige für Sie. Fähigkeiten in den Bereichen Gebäudereinigung, Sanitärtechnik, Wartung, Reparaturen und Instandhaltung können Sie bei mir voraussetzen.

Ich besitze ein ausgesprochenes technisches Verständnis und werde Ihren Anforderungen daher garantiert gerecht. Meinen Führerschein (Kl. 3 alt) besitze ich durchgehend seit 1980.

Mich zeichnet aus, dass ich stets zuverlässig, schnell und verantwortungsbewusst arbeite. Ich kann mich zügig in neue Abläufe einfügen und komme sehr gut mit anderen Menschen klar. Meine Arbeitseinstellung ist durchweg positiv, ich bin auch   unter Zeitdruck belastbar und freundlich. Ein sofortiger Arbeitsbeginn ist möglich.

Über eine Einladung zum Vorstellungs-gespräch freue ich mich sehr.

Mit freundlichem Gruß

Vorname Name – Straße xx – xxxxx Ort

Firma XXX
Straße XX
XXXXX Musterort

Qualität & Perfektion: Bewerbung als Hausmeister

Sehr geehrte Frau Musterchefin,

mit großer Freude habe ich Ihre Stellenanzeige „Hausmeister gesucht" in der xxx-Zeitung entdeckt. Sie als

Wohnungsbauunternehmen sind auf qualifiziert und zuverlässige Mitarbeiter angewiesen. Aus diesem Grunde möchte ich mich Ihnen heute als Hausmeister empfehlen.

Als gelernter Tiefbaufacharbeiter mit mehr als 30 Jahren Berufserfahrung in den unterschiedlichsten Gewerken biete ich Ihnen mein umfangreiches handwerkliches Talent und mein gewisses Händchen für Qualität und Perfektion. Mein Motto als Handwerker lautet: „Einmal machen, und zwar richtig!"

Sehr gerne möchte ich diesen Arbeitsansatz und meine Fähigkeiten zu Gunsten Ihres Unternehmens einbringen. Im Einzelnen habe ich Erfahrungen im Zaun- und Landschaftsbau, Baum- und Heckenschnitt, Straßen- und Wegebau, Zaunbau sowie Maschinenumgang bei unterschiedlichen Reparaturarbeiten. Mein ausgeprägtes handwerkliches Geschick stelle ich stets in meinem persönlichen Wohnumfeld unter Beweis: Putzen, Tapezieren, Malerarbeiten, Reparaturarbeiten an Wasserleitungen und Teppichboden verlegen geht mir leicht von der Hand.

Mit anderen Menschen zusammen zu arbeiten, auf die Bedürfnisse anderer einzugehen, das kann ich. Besonders wichtig ist mir die Zufriedenheit meiner Kunden und Auftraggeber.

Wenn Sie mehr von mir erfahren möchten, dann laden Sie mich zu einem Vorstellungsgespräch ein. Dann freue ich mich sehr und komme gerne bei Ihnen vorbei.

Mit freundlichem Gruß

Internetverkäufer

Vorname Name – Straße xx – xxxxx Ort

Firma XXX
Straße XX
XXXXX Musterort

Leidenschaft für Internet: Web-Allrounder bietet Mitarbeit als Internet-Verkäufer

Sehr geehrter Herr Li,

bei ebay erfolgreich Umsätze zu erzielen: Das ist eine meiner Stärken aus der beruflichen Vergangenheit. Weil meine bisherige Berufsbiografie zu Ihrem Profil passt, deshalb bewerbe ich mich bei Ihnen als Internet-Verkäufer.

Ich bin gelernter Außenhandelskaufmann. Mit ebay-Turbolister habe ich beste Erfahrungen. Bei einem Film- und Fernsehstudioeinrichter habe ich fünf Jahre lang den Internetverkauf gemanaged und meine Fähigkeiten stets unter Beweis gestellt. Zu meinen Aufgaben gehörte das professionelle Fotografieren der Artikel ebenso wie das Steuern der Auktionen.

Ich bin äußerst kommunikativ und schreibe gerne. So formuliere ich Produktbeschreibungen verständlich und attraktiv. Ich kann Auktionen benutzerfreundlich und spannend gestalten, aber auch effizient abschließend bearbeiten. Auftragsbestätigungen und verlässliche Zahlungskontrolle gehen mir als Kaufmann leicht von der Hand.

Mit großer Leidenschaft für den Verkauf im Internet möchte ich gerne Ihr Team unterstützen. Zu meinen Stärken zähle ich eigenständiges und motiviertes Arbeiten, Flexibilität, Zuverlässigkeit und hohes Engagement. Spaß an Teamarbeit und freundlichen Umgang mit Kunden und Kollegen sind für mich ebenso selbstverständlich wie gute Kenntnisse mit MS Office-Produkten. Ich lerne gerne dazu und denke wie ein Unternehmer.

Habe ich Ihr Interesse geweckt? Dann freue ich mich über eine Einladung zu einem persönlichem Gespräch in Ihrem Hause.

Mit freundlichen Grüßen

IT-Supporter

Vorname Name – Straße xx – xxxxx Ort

Firma XXX
Straße XX
XXXXX Musterort

Kreative Lösungen: IT-Profi bietet Mitarbeit als Supporter

Sehr geehrte Frau XXX,

effektive Pflege und planvolle Verwaltung von Netzwerken und Komponenten ist eine wichtige Aufgabe. Dabei sind Sie jeden Tag auf erfahrene Spezialisten angewiesen. Bei Stepstone habe ich gelesen, dass Sie Unterstützung dabei brauchen.

Wissen Sie was, Frau XXX?

Ich helfe Ihnen gerne!

Mit kreativen Lösungen sorgte ich mehr als zehn Jahre lang beim Gerling Konzern Hamburg und bei Siemens IT Solution and Service Management GmbH als System -und Anwenderbetreuer für reibungslosen Ablauf auf der Datenautobahn. Zu meinen Aufgaben gehörte neben der Tätigkeit im Service-Desk auch der First -und Second-Level-Support (Betreuung von Anwendern vor Ort, Patch-Management, Softwareverteilung, Inbetriebnahme aktueller Hardware).

Mit positiver Einstellung arbeite ich gut strukturiert und äußerst zielorientiert. Die Systeme müssen laufen! Das ist meine oberste Priorität. Dafür setze ich mein ganzes Können ein. Immer! Und wenn der Wind bei Stress rauher weht, dann bleibe ich stets freundlich und weiterhin gelassen.

Wenn Sie auf die Unterstützung eines engagierten, lösungsbezogenen und serviceorientierten Mitarbeiter setzen wollen, der seinen Beruf mit Leib und Seele ausübt, dann haben wir sicherlich Gesprächsbedarf.

Wenn ich Sie ein bisschen neugierig auf mich gemacht habe, dann freue ich mich schon jetzt, Sie persönlich kennen zu lernen und mehr über BDO und die weiteren Herausforderungen der zu besetzenden Stelle zu erfahren.

Mit freundlichen Grüßen

Kaufmännische Mitarbeiterin

Vorname Name – Straße xx – xxxxx Ort

Firma XXX
Straße XX
XXXXX Musterort

Fachkompetenz ! Bewerbung als Kaufmännische Mitarbeiterin

Sehr geehrter Herr XXX,

vielen Dank für das nette kurze Gespräch. Mit sehr großer Freude habe ich Ihre Stellenausschreibung gelesen. Nun bewerbe ich mich bei Ihnen, weil ich mir sehr sicher bin, dass ich als teamfähige, engagierte und beratungserfahrene Bürokauffrau für Ihren Standort XXX, die Patientenverwaltung exakt die Richtige für Sie bin.

Dinge raffiniert zu organisieren, dabei auch stets die Menschlichkeit im Blick zu behalten, trotz Tempo bei Stress und Hektik weder Ruhe noch den Blick auf das große Ganze zu verlieren und einzuspringen, wenn Not am Mensch ist: Das habe ich in sieben Jahren im Bürobereich gelernt. Ich bin ausgebildete Kauffrau für Bürokommunikation.

Im Arbeitsalltag kommen mir immer wieder meine Stärken, Fähigkeiten und Fertigkeiten zugute: Selbstständiges und umsichtiges Arbeiten ist für mich selbstverständlich. Meine ausgeprägte Kommunikationsfähigkeit und meine Dienstleistungsbereitschaft runden mein persönliches Profil ab. Mich zeichnet eine schnelle Auffassungsgabe aus, die nicht nur in der Einarbeitungszeit ein Vorteil ist.
Die Office Anwendungen sind mir seit Jahren vertraut, ich beherrsche sie sicher. In der Kundenverwaltung und - betreuung verfüge ich über sehr gute Erfahrungen.

Wenn ich Sie ein bisschen neugierig gemacht habe, freue ich mich sehr über eine Einladung zu einem persönlichen Gespräch.

Mit freundlichem Gruß

Vorname Name – Straße xx – xxxxx Ort

Firma XXX
Straße XX
XXXXX Musterort

Engagierte Allrounderin: **Bewerbung als**
kaufmännische Mitarbeiterin

Sehr geehrte Frau XXX,

...Sie suchen ein echtes Organisationstalent, das den Dienstleistungsgedanken lebt?

Als erfahrene Allrounderin im Büro habe ich mit großen Erwartungen Ihre Stellenanzeige im XXX Abendblatt gelesen. Gleich zweimal. Denn in der Erwachsenenbildung planerisch erfolgreich tätig zu sein und Menschen zu bewegen: Das ist mein Ding!

Mein Kurzprofil liest sich so: 17 Jahre professionelle Vertretung der Unternehmen XXXl und XXX telefonisch nach außen, komplette Administration, Strukturierung der Büro-abläufe, Organisation von Veranstaltungen, Datenbankpflege, Reiseorganisation, Terminüberwachung sowie Angebots- und Vertragserstellung.

Insbesondere bei der Veranstaltung von so genannten Architektentagen konnte ich mein ausgeprägtes Organisationstalent immer unter Beweis stellen. Bei den anstehenden XXX-Konferenzen der XXX möchte ich das mit hoher Einsatzbereitschaft gerne auch zuverlässig einsetzen. Mit kompetenten PC-Kenntnissen Lehrgänge und Seminare zu entwickeln, traue ich mir zu: Die Software beherrsche ich sicher und Weiterbildung ist für mich eine echte Lebensaufgabe.

Zu meinen Stärken als geborene Hamburger Deern zählen Lernbereitschaft, Begeisterungsfähigkeit, Pflicht-bewusstsein, Humor und Ehrgeiz. Meine Hilfsbereitschaft,

Eigeninitiative, Verbindlichkeit und Zuverlässigkeit zeichnen mich aus. Ich handle lösungsorientiert und bestens strukturiert. Ein fairer und freundlicher Umgang mit Kunden, Kollegen und Vorgesetzten ist mir jederzeit wichtig. Diesen erziele ich mit ausgeprägtem kommunikativen Talent und viel Kontaktfreude.

Ich freue mich auf Ihre Einladung zum persönlichen Gespräch.

Mit freundlichen Grüßen

Kfz-Mechatroniker

Vorname Name – Straße xx – xxxxx Ort

Firma XXX
Straße XX
XXXXX Musterort

Mit Begeisterung präzise: Bewerbung als Kfz-Mechatroniker

Sehr geehrte Frau Musterchefin,

Ihr KFZ-Meister ist auf geschickte Mitarbeiter mit einem Händchen für Präzision und Sorgfalt angewiesen. Aus diesem Grunde möchte ich mich Ihnen heute als neuen Mechatroniker empfehlen.

In meinem Ausbildungsbetrieb waren sowohl Chef als auch Meister mit meiner selbstständigen und qualitätsbewussten Arbeitsweise sehr zufrieden. Wartung, Inspektion, Bremsenservice, Ausbau von Stoßdämpfern, Spureinstellung und Wechsel von Auspuffanlagen gingen mir leicht von der Hand.

Die Ausbildung zum KFZ-Mechatroniker war damals für mich die erste Wahl. Heute bin ich von meinem Beruf regelrecht begeistert. Technische Abläufe und Zusammenhänge faszinieren mich – Probleme und Störungen zeitgerecht wieder in den Griff zu bekommen: Das ist meine Stärke.

Genau diese möchte ich in Zukunft erfolgreich in Ihr Unternehmen einbringen. Sehr gerne will ich Mitglied in Ihrem Team werden.

Wenn ich Sie mit diesen Zeilen ein bisschen neugierig gemacht habe, dann freue ich mich über eine positive Kontaktaufnahme.

Mit freundlichem Gruß

Vorname Name – Straße xx – xxxxx Ort

Firma XXX
Straße XX
XXXXX Musterort

Bewerbung auf Ihre ausgeschriebene Stelle als Kraftfahrzeugtechnikermeister

Sehr geehrter Herr XXX,

als vielseitiger und erfahrener KFZ-Profi bewerbe ich mich hiermit für die von Ihnen angebotene Tätigkeit als Kraftfahrzeug-technikermeister.

Als KFZ-Meister habe ich bereits umfangreiche Erfahrungen und Kenntnisse bei VW und BMW sowie bei diversen anderen Automarken gesammelt. Nach 10 Jahren als Geselle und 13 Jahren als Meister in unterschiedlichen Marken- und freien Werkstätten habe ich enorm viel Erfahrung gesammelt.

Zu den von mir erfüllten Aufgaben gehören insbesondere:
-Ein- und Ausbauen beschädigter Fahrzeugteile von   Pkw einschließlich erforderlicher Karosseriearbeiten
-Suchen nach Fehlern oder Schäden
-Einsetzen von mechanischen und elektronischen Prüf- und Messgeräten, z.B. zur Prüfung der Bremsen und der Motorkompression
-Vorführen von Fahrzeugen zur Abnahme von TÜV und AU

-Kommunizieren mit Kunden zur Terminvereinbarung und Auftragsannahme
-Bestellen von Fahrzeugteilen, Werkzeugen und Prüfgeräten
-Erstellen von Rechnungen für Reparaturen
-Anleiten von bis zu zehn Mitarbeitern

Ich verfüge über sehr gute fundierte Kenntnisse der Kfz-Technik, die ich bei der permanenten technischen Weiterentwicklung der Automobiltechnik ständig auf dem Laufenden halte. Ich bin technisch sehr interessiert, was sowohl die Mechanik als auch die Elektronik von Fahrzeugen anbelangt.

Meine Aufgaben verfolge ich selbständig und mit großem Engagement. Zu meinen herausragenden Stärken zähle ich eine ausgeprägte Organisationsfähigkeit, Verhandlungsgeschick und meine hohe kommunikative Kompetenz. Überdies verstehe ich es, meine Mitarbeiter und Kollegen zu hohen Leistung zu motivieren.

Gerne möchte ich Sie und Ihre Mannschaft unterstützen und freue mich auf ein Bewerbungsgespräch.

Mit freundlichen Grüßen

Koch

Vorname Name – Straße xx – xxxxx Ort

Firma XXX
Straße XX
XXXXX Musterort

Guter Geschmack und raffinierte Organisation: Bewerbung als Koch

Sehr geehrte Damen und Herren,

Können und Fachwissen in höchster Güte und Qualität zu erreichen: Das waren für mich Beweggründe für die Berufswahl als Koch.

Nun möchte ich meine umfangreichen Kenntnisse und Fähigkeiten, die ich übrigens auch in der Schweiz unter Beweis stellen konnte, in Ihrem Hause einbringen. Meine besonderen Stärken liegen in den Bereichen des Gardemanger, Entremetier, Saucier sowie Patissier.

Zu meinen Tätigkeiten, für die schnelles, selbständiges und exaktes Arbeiten notwendig ist, gehörten Einkauf von Waren, deren Lagerung und Verwaltung, Erstellen von Speisekarten, die Vor - und Zubereitung der Speisen sowie die Erstellung der monatlichen Inventuren.

Eigenverantwortung, unternehmerisches Handeln und hohes Engagement prägten stets meinen Arbeitsstil und sind Voraussetzung für meinen bisherigen beruflichen Erfolg. Mit einer Freude am Wohlgefühl der Gäste lebe ich jeden Arbeitstag: Ich sorge mit meinem buchstäblichen guten Geschmack und ausgeprägter Kommunikationsfreude für Kundenbindung und bestes Arbeitsklima.

Beim Thema Weiterbildung werfe ich jederzeit gerne einen Blick über den Tellerrand und gebe mein Fachwissen didaktisch geschickt an Auszubildende weiter. Auch hier verfüge ich über entsprechende positive Erfahrungen. Sehr gerne möchte ich Ihr Team als neues Mitglied unterstützen.

Wenn ich Sie ein bisschen neugierig gemacht habe, dann freue ich mich über eine positive Kontaktaufnahme. Im persönlichen Gespräch erfährt man eben einfach mehr.

Mit freundlichen Grüßen

Kommissionierer

Vorname Name – Straße xx – xxxxx Ort

Firma XXX
Straße XX
XXXXX Musterort

Dinge planvoll bewegen: Bewerbung als Kommissioniererin

Sehr geehrte Frau Musterfrau,

mit großer Freude habe ich Ihr Stellenangebot „Kommissioniererin gesucht" in der Datenbank der Arbeitsagentur gelesen. Nun bewerbe ich mich heute bei Ihnen, weil für mich das Lager als Arbeitsfeld ideal ist.

Ich bringe drei Jahre Berufserfahrung als Kommissioniererin mit. Meine umfangreichen Fähigkeiten und Fertigkeiten möchte ich gerne zu Gunsten Ihres Unternehmens einsetzen. In meiner Zeit im Lager der Firma XXX habe ich nicht nur das Kommissionieren gelernt. Zu meinen Aufgaben gehörte auch der Palettenversand und der Paketversand mit begleitender Dokumentation.

Arbeit im Lager bedeutet für mich, mit Kollegen gemeinsam Ziele zu erreichen. Ich helfe gern, wenn Not am Mann ist und kann Mitarbeiter motivieren.

Es bringt mir viel Freude, planvoll Dinge zu bewegen. Besonders wichtig sind mir dabei Ordnung, Präzision und Zuverlässigkeit. Eigenständiges Arbeiten ist für mich ebenso selbstverständlich wie der verantwortungsbewusste Umgang mit mir anvertrauten Maschinen und Waren. Zeitlich zeige ich mich flexibel: Eventuelle Mehrarbeit, auch am Wochenende, stellt für mich kein Problem dar. Schichtdienst ist auch O.K.

Wenn Sie mehr über mich erfahren möchten, dann laden Sie mich doch zu einem Vorstellungsgespräch ein. Ich komme gerne bei Ihnen vorbei.

Mit freundlichen Grüßen

Küchenhilfe

Vorname Name – Straße xx – xxxxx Ort

Firma XXX
Straße XX
XXXXX Musterort

Motivation und Talent: Bewerbung als Küchenhilfe und Servicekraft

Sehr geehrte Frau Muster,

aufgrund Ihres entsprechenden Marktauftritts und Ihres überzeugenden Konzeptes bewerbe ich mich bei Ihnen als Küchenhilfe und Servicekraft. Durch meine Berufsausbildung und Berufserfahrung verfüge ich bereits über sehr gute Kenntnisse im Bereich des Service und erfülle daher die Voraussetzungen, um schnell, sofort und ohne lange Einarbeitungszeit eigenständig zu arbeiten. Buffet, Dekoration, Eindecken und Bedienung gehen mir leicht von der Hand. Anschließende Reinigungsarbeiten im Saal und auch in der Küche erledige ich sorgfältig und entsprechend der Hygienevorschriften.

Meine Stärken sehe ich in meinem sicheren Auftreten, meiner Motivation mich immer wieder auch an neue Aufgaben zu wagen und meinem großen Engagement. Ich arbeite zuverlässig, selbstständig, eigenverantwortlich und auch sehr gerne im Team.

Mein hoch ausgeprägtes Talent zur Kommunikation hilft mir tagtäglich im Umgang mit Ihren Gästen.

Wenn ich Sie ein bisschen neugierig gemacht habe, laden Sie mich doch zu einem Vorstellungsgespräch ein. Sehr gerne besuche ich Sie in Ihrem Haus.

Über einen positiven Kontakt freut sich

Sabine Musterfrau

Vorname Name – Straße xx – xxxxx Ort

Firma XXX
Straße XX
XXXXX Musterort

Fleiß und Flexibilität: Bewerbung als Küchen- und Servierhilfe

Sehr geehrte Frau Musterfrau,

mit Interesse habe ich Ihr Stellenangebot im Internet gelesen. Sehr gerne bewerbe ich mich nun bei Ihnen als Küchen- und Servierhilfe.

Zuletzt habe ich in der Gastronomie als Zimmermädchen und als Küchenhilfe gearbeitet. Zu meinen Berufserfahrungen gehören u.a. die Speisezubereitung kalt und warm, das Roomkeeping sowie die Besteck-, Geschirr- und Raumreinigung.

Ich bin fleißig, pünktlich und habe meine Aufgaben stets mit großer Freude und Verantwortung erledigt. Zeitlich bin ich flexibel einsetzbar. Grundsätzlich stellen Mehrarbeit und Tätigkeit am Wochenende kein Problem für mich dar.

Gerne stelle ich mich bei Ihnen persönlich vor. Auf eine Einladung freut sich

Sabine Musterfrau

Vorname Name – Straße xx – xxxxx Ort

Firma XXX
Straße XX
XXXXX Musterort

Freude am Wohlgefühl der Gäste: Bewerbung als Küchenhilfe

Sehr geehrte Frau XXX,

glückliche Gäste sind Ihr Steckenpferd! Das habe ich hocherfreut auf Ihrer Homepage gelesen und bewerbe mich sofort bei Ihnen als Mitarbeiterin in der Küche.

Ich bin ausgebildete Hauswirtschaftshelferin. Mit all meinen Fähigkeiten möchte ich in Ihrem Restaurant sehr gerne dazu beitragen, dass es Ihren Gäste richtig gut geht, dass sie sich wohl fühlen. Ich habe nämlich eine Freude am Wohlgefühl der Gäste.

Im „Back-Office" Ihres Restaurants im Hintergrund die Weichen zu stellen und alles dafür zu tun, dass neben leckeren Menüs auch Logistik, Sauberkeit, Ordnung und Hygiene auf der Speisekarte stehen, das alles kann ich. All diese Qualitäten bringe ich sehr gerne erfolgreich in Ihr Unternehmen ein.

Der Umgang mit Lebensmitteln, Arbeitsgeräten und Kochgeschirr ist mir wirklich sehr vertraut. All das macht mir unheimlich viel Freude. Ich kann mich sehr gut in ein bestehendes motiviertes Team einfügen, bin pünktlich, zuverlässig und genau.

Wenn ich Sie ein bisschen neugierig gemacht habe, dann freue ich mich auf eine positive Kontaktaufnahme.

Mit freundlichen Grüßen

Maler und Lackierer

Vorname Name – Straße xx – xxxxx Ort

Firma XXX
Straße XX
XXXXX Musterort

Leidenschaft für meinen Beruf: Bewerbung als Maler und Lackierer

Sehr geehrte Frau Musterchefin,

ganz spontan möchte ich mich heute bei Ihnen als Maler und Lackierer bewerben. Ich habe Ihre Homepage entdeckt und komme nun schriftlich zu Ihnen.

Zu meinem beruflichen Hintergrund:

Ich bin gelernter Maler und Lackierer und verfüge über langjährige Erfahrungen in meinem Beruf. Außen- und Fassadenanstriche, Beton-sanierung, Fassadeninstandhaltung, Fassadensanierung. Innenanstriche, Lackieren, Spachteln, Tapezieren und Untergrundbehandlung sind nur einige meiner Fertigkeiten.

Besonders wichtig ist mir auch der kreative Mix aus farblichem Feingefühl, fachlicher Leistung und optimaler Organisation. Mit geschicktem „Händchen" für professionelle Ergebnisse und der Leidenschaft für meinen Beruf möchte ich sehr gerne neues Mitglied Ihres Kreativteams werden.

Zuverlässigkeit sowie akkurate Arbeitsweise sind für mich selbstverständlich. Neben meinem handwerklichen Geschick zeichne ich mich insbesondere durch eine selbstständige und verantwortungs-bewusste Arbeitsweise aus. Meine körperliche Fitness ergibt mehr als die branchenübliche Belastbarkeit. Ich bin jederzeit kurzfristig einsetzbar und verfüge zeitlich über eine große Flexibilität.

Wenn Sie einen Mitarbeiter suchen, der auch unternehmerisch denken kann, dann laden Sie mich zu einem Vorstellungsgespräch ein. Ich komme gerne bei Ihnen vorbei.

Mit freundlichem Gruß

PKA

Vorname Name – Straße xx – xxxxx Ort

Firma XXX
Straße XX
XXXXX Musterort

Höflich, kompetent und zuverlässig: Bewerbung als PKA in Teilzeit

Sehr geehrte Damen und Herren,

mit Organisationstalent und Freundlichkeit als PKA bei Ihnen meine umfangreichen Erfahrungen einbringen: Das wünsche ich mir!

Nach Schließung der XXX – Apotheke in XXX suche ich eine neue Stelle in Teilzeit. Ich bin sehr zuverlässig und korrekt. Und das seit fast vier Jahrzehnten im Beruf!

Aufgrund dieser langjährigen erfolgreichen Praxis als PKA verfüge ich über maßgebliche Kompetenz in den Bereichen Bearbeitung und Bestellung von Warensendungen, Kenn - und Auszeichnung von Waren und auch sorgfältiger Regalpflege und Lagerkontrolle gehörten stets zu meinen Aufgaben.

Wie Sie meinem Lebenslauf entnehmen können, konnten meine beiden bisherigen Arbeitgeber viele Jahre von meinen fachlichen Kompetenzen profitieren. Ich liebe meinen Beruf. Ich bin, wenn Sie es wollen, Ihre zuverlässige Partnerin, die Dinge gerne bewegt .

Bei Interesse freue ich mich über eine positive Kontaktaufnahme und eine Einladung zum persönlichen Gespräch.

Mit freundlichen Grüßen

Produktionshelfer

Vorname Name – Straße xx – xxxxx Ort

Firma XXX
Straße XX
XXXXX Musterort

Geschickter Anlagenmechaniker bietet Mitarbeit: Bewerbung als Mitarbeiter

Sehr geehrte Frau Musterchefin,

Unterstützung ist gefragt in Ihrem Unternehmen. Das konnte ich Ihrer Stellenanzeige im Internet entnehmen. Nun möchte ich mich bei Ihnen als Handwerker aus Leidenschaft bewerben und stelle mich erst einmal kurz vor.

Erfolgreich abgeschlossen habe ich meine Ausbildung zum Anlagenmechaniker für Sanität-, Heizung- und Klimatechnik bei der Firma XXX im Jahre 2010. Ich kann Gasschmelzschweißen, Weichlöten, Hartlöten, nach Zeichnung arbeiten und habe Erfahrungen in den Bereichen Heizungstechnik, Mess-, Steuer- und Regeltechnik. Ferner kenne ich mich aus mit Montage, Versorgungstechnik, Rohrinstallation und Sanitärinstallationen aller Art. Technische Neuerungen finde ich hochinteressant. Ich bilde mich gerne weiter.

Ich habe eine Vorliebe für den Umgang mit technischen Geräten, Maschinen und Anlagen und kann auch kräftig zupacken.

Selbstständiges und vor allem auch verantwortungs- bewusstes Arbeiten können Sie bei mir voraussetzen.

Wenn ich Sie ein bisschen neugierig gemacht habe, dann freue ich mich über eine positive Kontaktaufnahme.

Mit freundlichen Grüßen

Vorname Name – Straße xx – xxxxx Ort

Firma XXX
Straße XX
XXXXX Musterort

Bewerbung als Mitarbeiterin in der Produktion bei der Fa. XXX

Sehr geehrter Herr xxx,

mit Fingerfertigkeit und praktischem Geschick in der XXXherstellung bei XXX arbeiten: Das will ich.

Von einem Bekannten, der gerade diese Woche dort seine Arbeit über Ihr Zeitarbeitsunternehmen aufgenommen hat, habe ich nur Gutes gehört.

Berufserfahrung habe ich im Einzelhandel und Verkauf, traue mir aber diese Produktionstätigkeit wie sie mir geschildert wurde durchaus zu. Arbeiten, kräftig anpacken und Tagesziele beharrlich erfüllen, das kann ich.

Mich kennzeichnet eine positive Einstellung zur Arbeit und meine schnelle Auffassungsgabe. Mit neuen Situationen gehe ich objektiv und lösungsorientiert um. Rezepte gegen Hektik und bei starkem Arbeitsaufkommen sind bei mir Belastbarkeit, Ruhe sowie Freundlichkeit und Sorgfalt: Auch dann behalte ich stets den Überblick.

Weiterbildung ist für mich selbstverständlich: Neue Aufgaben stellen immer eine Herausforderung dar, der ich mich mit allen meinen Fähigkeiten gerne stelle.

Sollte ich Ihr Interesse geweckt haben, dann freue ich mich über eine Einladung zu einem Vorstellungsgespräch.

Mit freundlichen Grüßen

Vorname Name – Straße xx – xxxxx Ort

Firma XXX
Straße XX
XXXXX Musterort

Bewerbung als Mitarbeiterin Elektronik-gerätemontage

Sehr geehrter Herr XXX,

hiermit bewerbe ich mich bei Ihnen um einen Arbeitsplatz als Verpackerin oder gerne auch als Maschinenführerin.

Umfangreiche Erfahrungen als Maschinenführerin und Verpackerin sammelte ich in der Firma XXX. Dort war ich insgesamt 6 Jahre lang beschäftigt. Ich bin mir sicher, dass ich ihren Vorstellungen entspreche und notwendige

Voraussetzungen für eine erfolgreiche Tätigkeit in Ihrem Unternehmen erfüllen werde.

Ich bewerbe mich, um die Tätigkeiten als Verpackerin und Maschinenarbeiterin nach einigen Jahren der Berufstätigkeit als Raumpflegerin wieder aufnehmen zu können. Deshalb möchte ich gerne in einem bedeutenden Unternehmen wie dem Ihren selbstständig arbeiten. Das kann ich nämlich sehr gut! Und zuverlässig bin ich auch!

Ich mag die eine Tätigkeit in einem motivierten Team, das sich Ziele nicht nur vornimmt, sondern auch erreicht.

Wenn ich Sie ein bisschen neugierig gemacht habe, dann freue ich mich über eine positive Kontaktaufnahme.

Mit freundlichen Grüßen

P.S.: Meine Deutschkenntnisse finde ich OK. Bei aller Berufstätigkeit konnte ich zwar keine Schule besuchen, aber ich komme gut zurecht!

Vorname Name – Straße xx – xxxxx Ort

Firma XXX
Straße XX
XXXXX Musterort

Erfahrener Handwerker mit Engagement und Eigeninitiative bietet Mitarbeit: Bewerbung als Maschinen- und Anlagenführer

Sehr geehrte Frau Musterchefin,

mit rascher Auffassungsgabe und geschultem Blick für Qualität Produktionsabläufe effizient und sicher überwachen: Das ist meine Stärke. Aus diesem Grunde bewerbe ich mich heute bei Ihnen auf Ihre Stellenanzeige in der Zeitung XXX.

Zehn Jahre Berufserfahrung im zuverlässigen Umgang mit großen Druckmaschinen und Einsatz auch als verantwortlicher Maschinenführer kennzeichnen mein fachliches Profil. Dabei war die Hauptaufgabe das präzise Einrichten der gesamten Anlagen. Selbstverständlich waren für mich auch die regelmäßigen Wartungsarbeiten an den Maschinen. Diese erledigte ich stets mit der gebotenen Sorgfalt und mit Verantwortungsbewusstsein.

Mit hoher Motivation den Arbeitstag zu beginnen und gemeinsam im Team gesteckte Ziele auch mit selbstständiger Arbeit zu erreichen, das ist mir besonders wichtig. Dabei kommen mir meine guten kommunikativen

Fähigkeiten ebenso zugute wie meine professionelle Besonnenheit. Auch bei stressigen Situationen behalte ich einen guten Überblick.

Eine schnelle Einarbeitung auf Ihre Maschinentypen wird durch meine rasche Auffassungsgabe im Nu möglich sein, da ich in der Vergangenheit auch häufig an unterschiedlichen Maschinen eingesetzt wurde.

Eine Mitarbeit in Ihrem Traditionsbetrieb ist mir ab sofort möglich. Meine Gehaltsvorstellungen liegen bei einem Jahresbruttolohn von 30.000 Euro.

Über eine Einladung zum Vorstellungsgespräch mit Ihnen freue ich mich.

Mit freundlichen Grüßen

Produktmanagerin

Vorname Name – Straße xx – xxxxx Ort

Firma XXX
Straße XX
XXXXX Musterort

Kommunikative Persönlichkeit: Bewerbung als Produktmanagerin

Sehr geehrte Frau XXXX,

mein Know-how und meine erfolgreichen Erfahrungen als Bankerin in neue Impulse für Ihr Unternehmen verwandeln: Das ist eine Herausforderung, die mich wirklich reizt.

Ich bin vertriebserfahren. Bei der XXX- in XXX war ich anfänglich für die Betreuung von Privatkunden und den Verkauf aller Dienst-leistungen und Produkte verantwortlich. Die Organisation und eigenständige Durchführung von Schulungen sowie die dazu gehörige Konzepterstellung und die Seminarorganisation kamen später hinzu. Durch meinen Einsatz in der Akquise und Betreuung von Firmenkunden bin ich versiert in Verhandlungsführung und optimaler Beratung der gehobenen Klientel. Stets war ich Schnittstelle zwischen Kundenwunsch und Machbarkeit.

Dabei helfen mir analytisches Denken, Empathie und Gespür für Kundenbedürfnisse. Ich bin eine kommunikationsstarke und humorvolle, aber dennoch entscheidungsfreudige Persönlichkeit. Ich habe eine Vorliebe für Kommunikation, die ankommt. Eine meine besonderen Stärken ist die selbständige, engagierte und absolut zuverlässige Arbeitsweise. Ich übernehme gerne große Verantwortung. Außerdem können Sie von mir dienstleistungs-orientiertes verbindliches und selbstbewusstes und souveränes Auftreten erwarten.

Mit Verkaufsgeschick und Überzeugungskraft verhandle ich mit unternehmerischer Denkweise abschlussorientiert. Neuen Aufgaben begegne ich strukturiert mit rascher Auffassungsgabe. Schnell entwickle ich zielführende Ideen.

Da die Befristung meines jetzigen Arbeitsvertrages demnächst ausläuft, kann ich Ihnen unter der Berücksichtigung der gesetzlichen Kündigungsfrist kurzfristig zur Verfügung stehen. Meine Gehaltsvorstellung liegt bei 60.000,-- €.

Habe ich Ihr Interesse geweckt? Dann freue ich mich über eine positive Kontaktaufnahme.

Mit freundlichen Grüßen

Projektmanagerin

Vorname Name – Straße xx – xxxxx Ort

Firma XXX
Straße XX
XXXXX Musterort

Innovativ die Zukunft mit gestalten: Bewerbung als Projektmanagerin

Sehr geehrte Damen und Herren,
wissen Sie eigentlich, wer den Euro-Scheck überflüssig gemacht hat?

Das war ich. Dass Daten auch auf dem Chip einer Karte gespeichert und von Rechnersystemen weiterverarbeitet werden können, ist eines meiner erfolgreichsten Arbeitsergebnisse bei der XXX Bank.

Zahlungsverkehrssysteme sind meine Kernkompetenz.

Mein Know-how und meine erfolgreichen Erfahrungen als Projekt-managerin in innovative Entwicklungen des bargeldlosen Zahlungssystems verwandeln: Das ist eine Herausforderung, die mich wirklich begeistert. Prozesse zu analysieren, zu optimieren und verantwortungsbewusst das Monitoring für Zahlungsabläufe übernehmen gehörte zu meinem Profil als Projektleiterin POS. Als Bankerin kenne ich mich aus im Bereich der Budgetverwaltung und des Geldclearings.

Bei all dem helfen mir analytisches Denken, Empathie und Organisationstalent. Ich bin eine kommunikationsstarke und erfahrene Beraterin. Eine meine besonderen Stärken ist die selbständige, engagierte und absolut zuverlässige Arbeitsweise. Außerdem können Sie von mir ein dienstleistungsorientiertes, verbindliches und souveränes Auftreten erwarten.

Mit Spürsinn für Kundenbedürfnisse und Überzeugungskraft verhandle ich mit unternehmerischer Denkweise abschlussorientiert und gewissenhaft. Neuen Aufgaben begegne ich strukturiert mit rascher Auffassungsgabe, und entwickle schnell Ziel führende Ideen. Mein hohes Engagement verwandle ich gerne auch zu flexiblen Arbeitszeiten in beruflichen Erfolg.

Mein großes Interesse für Sport und Kultur machen eine Verknüpfung von fachlichen Kompetenzen mit persönlichen Neigungen, bei einer verantwortlichen Tätigkeit als Projektmanagerin in Ihrem Hause im Eventbereich, für mich enorm attraktiv.

Die Zukunft der bargeldlosen Zahlung gestalte ich gerne kreativ mit.

Mein jetziger befristeter Arbeitsvertrages endet demnächst. Ich stehe Ihnen gerne kurzfristig zur Verfügung. Meine Gehaltsvorstellung liegt bei 3.300,-- € monatlich.

Neugierig geworden? Dann freue ich mich über eine Einladung zu einem persönlichen Gespräch.

Mit freundlichen Grüßen

Servicekraft

Vorname Name – Straße xx – xxxxx Ort

Firma XXX
Straße XX
XXXXX Musterort

Gästeorientiert und stets freundlich und zuverlässig: Bewerbung als Servicekraft

Sehr geehrte Frau Musterfrau,

mit großer Freude habe ich Ihr Stellenangebot „Servicemitarbeiterin gesucht" im Internet gelesen. Ich bin mir sicher, dass ich für Ihren Arbeitsplatz die erforderlichen Voraussetzungen mitbringe und bewerbe mich deshalb bei Ihnen.

Als ausgebildete Hotelfachfrau mit Abschluss und anschließenden vier Jahren Berufserfahrung will ich nun meine Fähigkeiten und Fertigkeiten zu Gunsten Ihres Unternehmens einbringen.

Bisher war ich in folgenden Bereichen erfolgreich im Einsatz: Aufdecken und Dekoration der Tische, Frühstücksservice, A-la-carte-Service sowie Bankett und Getränkezubereitung. Ferner zählten die erforderlichen Abrechnungen auch zu meinen Aufgaben. Im Rahmen meiner Ausbildung war ich zudem im Hotelempfang tätig und habe dort alle Funktionen des Check-in und des Check-out ausgeübt.

„Der Gast steht immer an erster Stelle!"

So lautet mein persönlicher Arbeitsauftrag, den ich mit gästeorientiertem Denken, einfühlsamen Umgang mit Kunden und Kollegen und hohem Maß an Kommunikationsfähigkeit bestens erfülle.

Besonders wichtig ist mir Qualität - auch in der Tagesplanung. Eigenständiges und vor allem auch verantwortungsbewusstes Arbeiten ist für mich ebenso wichtig wie der Tagesumsatz.

Wenn Sie gerne mehr von mir erfahren möchten, dann laden Sie mich doch zu einem Vorstellungsgespräch ein. Dann freue ich mich sehr.

Mit freundlichen Grüßen

Sabine Musterfrau

Speditionskaufmann

Vorname Name – Straße xx – xxxxx Ort

Firma XXX
Straße XX
XXXXX Musterort

Unternehmerisches Denken: Bewerbung als Speditionskaufmann und Disponent

Sehr geehrte Frau Musterfrau,

auf der Suche nach einem passenden Unternehmen bin ich im Internet auf Ihre Spedition gestoßen. Nun möchte ich mich Ihnen als Speditionskaufmann und Disponent empfehlen.

Sehr gerne will ich meine umfangreichen Fähigkeiten und Fertigkeiten aus 25 Jahren Berufstätigkeit in der Disposition zu Gunsten Ihres Unternehmens einbringen. Unternehmerisches Denken ist für mich keine Phrase: In der Vergangenheit habe ich stets so gearbeitet, als handle es sich um mein eigenes Unternehmen. Bei aller Selbstständigkeit gehört für mich ein Blick über die Rampe auch dazu: Wenn Kollegen Hilfe brauchen, dann springe ich gerne ein. Ziele gemeinsam im Team zu erreichen und Lösungen mit Qualität zu finden, das kann ich.

Mit Kommunikationsstärke, Belastbarkeit und dem richtigen Händchen für den effektiven Umgang mit Kunden disponierte ich erfolgreich mehr als 20 Lkws. Dabei war mir besonders wichtig, dass zur Zufriedenheit aller, vom Fahrer über Kunden bis hin zum Vorgesetzten, alles rund lief. Dabei unterstützen mich auch meine Erfahrungen im Umgang mit Speditionssoftware und GPS-Systemen.

Wenn Sie wollen, dann bewege ich etwas für Sie. Ich freue mich über eine Einladung zum Vorstellungsgespräch und verbleibe

Mit freundlichen Grüßen

Straßenbauer

Vorname Name – Straße xx – xxxxx Ort

Firma XXX
Straße XX
XXXXX Musterort

Freude am Beruf: Bewerbung als Straßenbauer

Sehr geehrter Herr XXX,

ich habe durch meiner Mutter erfahren, dass Sie eine kräftige Hilfe im Straßenbau gebrauchen können. Weil ich sehr gerne arbeite, bewerbe ich mich heute bei Ihnen.

Nach meiner bestandenen Ausbildung zum Straßenbauer bei Ellerbrock in XXX suche ich nun ein passenden Betrieb bei dem ich meine Stärken erfolgreich einbringen kann. Ich möchte sehr gerne im Straßenbau tätig sein, weil ich meinen Beruf mag und Freude an der Arbeit habe.

Meine Stärken sind Belastbarkeit, Teamfähigkeit, Lernfähigkeit und Pünktlichkeit. Aufgabenstellungen bewältigen und auftauchende Probleme auch gemeinsam im motivierten Team zu lösen, das liegt mir sehr.

Mit Pflasterarbeiten und Rohrleitungsbau habe ich die meisten Erfahrungen. Präzise Erstellung von Sandplatten beherrsche ich ebenfalls. Auch wenn ich Ihnen noch nicht erhebliche Berufs-erfahrung nachweisen kann – in meiner Ausbildung habe ich sehr
gerne Tag für Tag dazu gelernt.

Mit meinen so erreichten Kenntnissen möchte ich mich als kompetenter junger Mitarbeiter engagiert erfolgreich in Ihr Team einbringen.

Wenn ich Sie ein bisschen neugierig gemacht habe, dann freue ich mich auf eine positive Kontaktaufnahme.

Mit freundlichen Grüßen

Verkäuferin

Vorname Name – Straße xx – xxxxx Ort

Firma XXX
Straße XX
XXXXX Musterort

Beratung als Erfolgsrezept: Bewerbung als Verkäuferin

Sehr geehrte Frau Musterfrau,

mit großem Interesse habe ich Ihr Stellenangebot als Verkäufer bei www.meinestadt.de gelesen. Nun bewerbe ich mich heute bei Ihnen, weil ich sicher bin, dass ich meine umfangreichen Qualitäten erfolgreich und optimal in Ihr Unternehmen einbringen kann.

Ich bin mit Leib und Seele Verkäufer – und das mit mehr als 16 Jahren Berufserfahrung. Einfühlsame und bedürfnisorientierte Beratung mit sicherem Blick auf den aktuellen Tagesumsatz ist mein persönliches Erfolgsrezept. Oft habe ich es erlebt, dass Kunden kaufen, weil ich der Verkäufer bin. Dies mag daran liegen, dass ich herzlich und aufgeschlossen mit Menschen rede, dabei aber auch stets verbindlich bleiben kann. So entstand bisher eine effektive Kundenbindung.

Arbeitsklima und Kollegialität sind mir besonders wichtig. Gemeinsam gesteckte Tagesziele zu erreichen, anderen auch zu helfen, aufkeimende Konflikte sofort zu erkennen, das sind meine persönlichen Eigenschaften, die mich zum ausgesprochenen Teamplayer in der Arbeitswelt machen.

Beste Ausbildung und freundliche Anleitung von neuen Mitarbeitern auf hohem Niveau – das war auch Bestandteil meiner Berufstätigkeit, insbesondere bei der Firma XXX.

Wenn Sie mehr von mir erfahren möchten, dann laden Sie mich doch zu einem Vorstellungsgespräch ein. Sehr gerne komme ich bei Ihnen vorbei.

Mit freundlichem Gruß

Vorname Name – Straße xx – xxxxx Ort

Firma XXX
Straße XX
XXXXX Musterort

Erfahrung trifft auf Zuverlässigkeit: Bewerbung als Verkäuferin

Sehr geehrte Frau Musterchefin,

in Ihrer Stellenanzeige im Internet suchen Sie Verkäuferinnen in Teilzeit. Für diese Stelle interessiere ich mich sehr und stelle mich Ihnen hiermit gerne einmal vor.

Sie suchen eine Mitarbeiterin, die stets kundenorientiert handelt und darüber hinaus enorme Berufserfahrung im Kassenbereich mitbringt.

Ich glaube Ihrem Profil zu entsprechen, da ich in den vergangenen Jahren auch als zuverlässige Kassiererin gearbeitet habe. Der Umgang mit Kunden zählt zu einer meiner größten Stärken. Was mir auch von meinem bisherigen Arbeitgeber bescheinigt wurde.

Mit mir erhalten Sie eine Mitarbeiterin, die es liebt, auf Menschen zuzugehen, selbstständig und verantwortungsvoll arbeitet und dabei alle anfallenden Aufgaben auch im Kassenbereich kennt. Selbst in stressigen Situationen behalte ich den Überblick. Zeitliche Flexibilität, Einsatzbereitschaft und ein guter Umgang im Team sind für mich selbstverständlich. Gewünschter Arbeitsort ist XXX.

Ich freue mich, wenn Sie mich zu einem Vorstellungsgespräch einladen.

Mit freundlichen Grüßen

Vorname Name – Straße xx – xxxxx Ort

Firma XXX
Straße XX
XXXXX Musterort

Kundenzufriedenheit im Mittelpunkt: Bewerbung als Schuh-Fachverkäuferin

Sehr geehrte Frau Musterfrau,

Erfahrung und hohe Qualifikation schaffen Umsatz im Verkauf!

Nach einer sehr kurzen Auszeit von zehn Wochen möchte ich mein Verkäuferpotential wieder zum Vorteil eines passenden Unternehmens einsetzen. Aus diesem Grunde bewerbe ich mich nun bei Ihnen als Fachverkäuferin in Vollzeitbeschäftigung.

Ich bin gelernte Einzelhandelsverkäuferin und habe über 16 Jahre Berufserfahrung als Schuhfachverkäuferin. Für mich steht bei der Arbeit die Kundenzufriedenheit im Mittelpunkt und ich überzeuge durch gute Produktkenntnisse und eine freundliche, kompetente und vor allem auch bedürfnisorientierte Beratung.

In meinem letzten Arbeitsverhältnis habe ich eigenverantwortlich die Kinderschuhabteilung geleitet und war für die Zusammenstellung der Kollektion, Präsentation und Verkaufsförderung zuständig. Das Damen- und

Herrensegment ist mir durch meine langjährige Tätigkeit ebenso vertraut. Zu meinen täglichen Aufgabengebieten zählten die Wareneingangskontrolle, Lagerwirtschaft, Präsentation in den Verkaufsräumen, Kassentätigkeit bis hin zum eigenständigen Kassenabschluss und die Kundenberatung.

Was sollten Sie noch über mich wissen?

Ich übe meinen Beruf sehr gern aus, was sich in meiner hohen Motivation und Freude bei der Arbeit ausdrückt. Selbst in schwierigen Situationen bleibe ich stets freundlich und setze die Unternehmensinteressen um. Ich bin es gewohnt, eigenverantwortlich zu arbeiten und zeichne mich durch ein hohe Zuverlässigkeit und Loyalität aus. Ich arbeite wirklich gerne im Team und bin zeitlich flexibel einsetzbar.

Habe ich Ihr Interesse geweckt? Dann freue ich mich über die Möglichkeit, mich persönlich bei Ihnen vorzustellen.

Mit freundlichem Gruß

Vorname Name – Straße xx – xxxxx Ort

Firma XXX
Straße XX
XXXXX Musterort

Kontaktfreude! Bewerbung als Verkäuferin

Sehr geehrte Frau Musterfrau,

mit großem Interesse habe ich im Internet Ihr Stellenangebot entdeckt. Weil ich mit Leib und Seele Verkäuferin bin, bewerbe ich mich nun bei Ihnen.

Als gelernt Kauffrau im Einzelhandel bringe ich zu Gunsten Ihres Unternehmens 14 Jahre Erfahrung in Einzelhandel und Verkauf mit. Mein hohes Maß an Kommunikativität, Einfühlsamkeit und meine Kontaktfreude garantieren mir stets einen bedürfnisorientierten Umgang mit den Kunden.

Meine positive Einstellung zur Arbeit und meine schnelle Auffassungsgabe ermöglichen es mir auch, mit neuen und vielleicht auch problematischen Situationen objektiv und lösungsorientiert umzugehen. Rezepte gegen Hektik und bei starkem Arbeitsaufkommen sind Belastbarkeit, Ruhe sowie Genauigkeit und Sorgfalt: Auch dann behalte ich stets den Überblick.

Mit Kollegen gemeinsame Ziele zu erreichen, Hilfestellungen zu geben, wenn Unterstützung gefragt ist und zu einem guten Betriebsklima beizutragen, das alles ist mir auch wichtig. Andererseits nehme ich gerne auch Tipps und Hinweise von Mitarbeitern an und setze sie dann auch gleich um. Weiterbildung ist für mich selbstverständlich: Neue Aufgaben stellen immer eine Herausforderung dar, der ich mich mit allen meinen Fähigkeiten gerne stelle.

Wenn Sie mehr über mich erfahren möchten, dann laden Sie mich einfach zu einem Vorstellungsgespräch ein. Ich komme gerne bei Ihnen vorbei.

Mit freundlichen Grüßen

Vorname Name – Straße xx – xxxxx Ort

Firma XXX
Straße XX
XXXXX Musterort

Flink und geschickt: Bewerbung als Bäckerei-Fachverkäuferin

Sehr geehrte Frau Musterfrau,

mit großem Interesse habe ich soeben Ihr Stellenangebot „Bäckereifachverkäuferin gesucht" im Internet gelesen. Nun möchte ich mich gerne bei Ihnen für diese Tätigkeit empfehlen.

Nach zehnjähriger Berufserfahrung im Service und Küchenbereich sowie sechs Jahren Tätigkeit im Verkauf bin ich mir sicher, die erforderlichen Voraussetzungen für diesen Arbeitsplatz mitzubringen. Ich bin flink und geschickt: Meine Fähigkeiten und Fertigkeiten, insbesondere Belegen und Anrichten von Brötchen sowie Kalte Küche möchte ich zu Gunsten Ihres Unternehmens und vor allem auch Ihrer Kunden einbringen.

Bisher war ich in folgenden Bereichen erfolgreich im Einsatz: Eindecken und Dekoration der Tische, à-la-carte Service, Getränkezubereitung und Küchenhilfe. Ferner gehörte auch das Abrechnungsverfahren und Kassieren mit zu meinen Aufgaben.

„Der Gast steht an erster Stelle", lautet mein persönlicher Arbeitsauftrag, den ich mit gästeorientiertem Denken, Einfühlsamkeit im Umgang mit Kunden und Kollegen und meinem hohen Maß an Kommunikativität bestens erfülle.

Besonders wichtig sind mir auch Qualität und Hygiene – auch in den Abläufen der Tagesplanung. Eigenständiges und vor allem auch verantwortungsbewusstes Arbeiten ist für mich absolut selbstverständlich.

Wenn ich Sie ein bisschen neugierig auf mich gemacht habe, dann freue ich mich über eine positive Kontaktaufnahme.

Mit freundlichen Grüßen

Vorname Name – Straße xx – xxxxx Ort

Firma XXX
Straße XX
XXXXX Musterort

Kundenorientierte Beratung: Bewerbung als Fachverkäuferin Textil

Sehr geehrte Frau Musterchefin,

bei der Suche nach einem passenden Unternehmen bin ich im Internet auf Ihre Homepage gestoßen. Nun möchte ich mich bei Ihnen als berufserfahrene Verkäuferin empfehlen.

Im Einzelhandel kommt es im Verkauf vor allem auf den erfolgreichen Umgang mit Menschen an. Genau daran habe ich Spaß und Freude. Ich kann mit einem ehrlichen freundlichen Lächeln auf Kunden zugehen. Mit Kontaktfreude und einfühlsamer kundenorientierter Beratung schaffe ich Vertrauen und erziele so gute Verkaufsergebnisse. Der sichere Blick auf den Tagesumsatz ist mir dabei besonders wichtig. Schließlich verkaufe ich gerne.

Das Thema Mode interessiert mich auch persönlich. Durch Lektüre einschlägiger Fachmagazine halte ich mich stets auf dem neuesten Stand. Weiterbildung ist eben wichtig. Neben Verkauf stehen für mich auch Warenpräsentation und Dekoration im Vordergrund meiner Tätigkeit. Gute Umgangsformen, zeitliche Flexibilität sowie verantwortungsbewusstes und selbstständiges Arbeiten sind für mich selbstverständlich.

Habe ich Sie ein wenig neugierig auf mich gemacht? Dann freue ich mich über eine Einladung zum Vorstellungsgespräch.

Mit freundlichen Grüßen

Vorname Name – Straße xx – xxxxx Ort

Firma XXX
Straße XX
XXXXX Musterort

Motivation trifft auf Erfahrung / Bewerbung als Mitarbeiterin im Verkauf

Sehr geehrte Frau Musterchefin,

in einem modernen Unternehmen wie der XXX GmbH im Verkauf mein ausgesprochenes Talent als Verkäuferin einzubringen: Das will ich. Aus diesem Grund bewerbe ich mich bei Ihnen initiativ und freue mich über eine positive Kontaktaufnahme.

Wie Sie meinem beruflichen Werdegang entnehmen können, habe ich umfangreiche und vielfältige Erfahrungen im Verkauf und an der Kasse gemacht. Als gelernte

Verkäuferin bringe ich zu Gunsten Ihres Unternehmens 26 Jahre Erfahrung in Einzelhandel und Verkauf mit.

Mein hohes Maß an Kommunikativität, Einfühlsamkeit und meine Kontaktfreude garantieren mir stets einen bedürfnisorientierten Umgang mit den Kunden. Meine positive Einstellung zur Arbeit und meine schnelle Auffassungsgabe ermöglichen es mir auch mit neuen Situationen objektiv und lösungsorientiert umzugehen.

Rezepte gegen Hektik und bei starkem Arbeitsaufkommen sind bei mir Belastbarkeit, Ruhe sowie Freundlichkeit und Sorgfalt: Auch dann behalte ich stets den Überblick. Weiterbildung ist für mich selbstverständlich. Neue Aufgaben stellen immer eine Herausforderung dar, der ich mich mit allen meinen Fähigkeiten immer wieder gerne stelle.

Sollte ich Ihr Interesse geweckt haben, dann freue ich mich über eine Einladung zu einem Vorstellungsgespräch.

Mit freundlichen Grüßen

Vorname Name – Straße xx – xxxxx Ort

Firma XXX
Straße XX
XXXXX Musterort

Ich verkaufe gerne: Bewerbung als Verkäufer für die Obst- und Gemüseabteilung

Sehr geehrte Frau Musterfrau,

mit großer Freude las ich Ihr Stellenangebot im Internet und möchte mich nun bei Ihnen als Verkäufer bewerben.

Insgesamt bringe ich 15 Jahre Berufserfahrung im Verkauf mit. Zuletzt habe ich bei XXX als Verkäufer und Kassierer an der Scannerkasse gearbeitet. Über einen Zeitraum von zwölf Jahren führte ich einen Getränkefachhandel.

Ich verkaufe sehr gerne und habe eine besondere Vorliebe für Obst und Gemüse. Beides optimal zu präsentieren und das Ergebnis im Verlauf des Arbeitstages ständig weiter zu überprüfen und verbessern: Das kann ich. Ich weiß, worauf es dabei ankommt.

Auch bei der Kundenberatung. Ich kann bedürfnisorientiert mit Kunden umgehen und bekomme rasch heraus, was sie wirklich brauchen. Besonders wichtig ist mir bei allem aber auch der sichere Blick auf den Tagesumsatz.

Zeitlich bin ich flexibel einsetzbar. Mehrarbeit und die branchenüblichen Wochenendeinsätze stellen für mich kein Problem dar – im Gegenteil: All das ist für mich selbstverständlich.

Über eine Einladung zum Vorstellungsgespräch freue ich mich sehr.

Mit freundlichem Gruß

Vorname Name – Straße xx – xxxxx Ort

Firma XXX
Straße XX
XXXXX Musterort

Verkäufer mit Leib und Seele: Bewerbung als Mitarbeiter für Obst und Gemüse

Sehr geehrte Frau Musterchefin,

mit großer Freude las ich Ihr Stellenangebot im Internet und möchte mich nun bei Ihnen als Verkäufer bewerben.

Insgesamt bringe ich 15 Jahre Berufserfahrung im Verkauf mit. Zuletzt habe ich bei XXX als Verkäufer und Kassierer gearbeitet. Über einen Zeitraum von zwölf Jahren führte ich einen Getränkefachhandel. Ich verkaufe sehr gerne.

Durch meine Erfahrungen erklärt sich mein umfangreiches Wissen im Umgang mit Kunden und Kollegen ebenso wie meine persönliche Art und Weise der effektiven Kundenberatung. Ich bin Verkäufer aus Überzeugung und mit Leib und Seele. Besonders wichtig ist mir im Berufsalltag deshalb auch der sichere Blick auf den Tagesumsatz.

Ordentliche Warenpflege sowie optisch ansprechende Präsentation der Produkte gehören bei mir zum Geschäft. Naturerzeugnisse den Kunden schmackhaft zu machen, geht mir leicht von der Hand. Mein sicherer Blick für Qualität garantiert die entsprechende Optik ebenso wie die strikte Einhaltung der Hygienevorschriften. Reinlichkeit und Ordnung im beruflichen Umfeld sind mir ganz besonders wichtig.

Zeitlich bin ich flexibel einsetzbar. Mehrarbeit und die branchenüblichen Wochenendeinsätze stellen für mich kein Problem dar.

Über eine Einladung zu einem Vorstellungsgespräch freue ich mich sehr.

Mit freundlichen Grüßen

Versicherungssachbearbeiter

Vorname Name – Straße xx – xxxxx Ort

Firma XXX
Straße XX
XXXXX Musterort

Optimale Kundenbetreuung: Bewerbung als Sachbearbeiter für den Bereich Lebensversicherungen

Sehr geehrte Frau XXX,

Entwicklungen und Veränderungen prägen unseren Alltag. Nach vielen erfolgreichen Jahren im IT-Bereich von namhaften Versicherungen möchte ich unbedingt wieder als Sachbearbeiter für den Bereich Leben tätig sein.

Aus diesem Grunde biete ich Ihnen heute meine Mitarbeit an. Als gelernter Versicherungskaufmann habe mehr als 13 Jahre Berufserfahrung in diesem Bereich. Optimale telefonische und schriftliche Betreuung von Firmen- und Privatkunden ist meine ausgesprochene Stärke. Sorgfältige Bearbeitung von Anträgen und Unterlagen können Sie bei mir als selbstverständlich voraussetzen. Der Umgang mit MS Office-Professional-Software fällt mich leicht – ich beherrsche diese Programme sicher.

Wenn Sie auf die Unterstützung eines zielorientierten, engagierten und im Sinne des Unternehmens arbeitenden Mitarbeiters setzen wollen, dann haben wir sicherlich Gesprächsbedarf.

Sollten meine Fähigkeiten Sie neugierig machen, dann freue ich mich schon jetzt, Sie persönlich kennen zu lernen und mehr über Ihr Unternehmen und die Herausforderungen der zu besetzenden Stelle zu erfahren.

Mit freundlichen Grüßen

Zahntechnische Hilfskraft

Vorname Name – Straße xx – xxxxx Ort

Firma XXX
Straße XX
XXXXX Musterort

Präzision und Qualität: Bewerbung als Zahntechnische Hilfskraft

Sehr geehrte Frau Musterfrau,

hiermit bewerbe ich mich bei Ihnen um eine Stelle als Teilzeitkraft.

Bis April 2009 war ich in einem zahntechnischen Labor tätig, wo ich sehr gerne die Arbeitsvorbereitung erledigt habe. Mein Ziel ist es wieder diese Tätigkeiten aufzunehmen und auch sehr gerne zu erweitern.

Ich arbeite gerne mit verschiedenen Materialien. Hohe Qualität und absolute Präzision sind mir bei meiner Tätigkeit ganz besonders wichtig. Auch bei problematischen Situationen in der Modellherstellung bleibe ich stets besonnen und finde meist die ideale Lösung. Termindruck begegne ich mit Gelassenheit und sicherem Blick auf die Produktqualität.

Meine ausgeprägte Kommunikations-fähigkeit ermöglicht es mir kundenorientiert zu arbeiten und als Teamplayerin einen entscheidenden Beitrag zu einem guten Betriebsklima zu leisten. Auch ist für mich der Blick über den Tellerrand in andere Abteilungen selbstverständlich: Wenn Not am Mann ist, dann helfe ich gerne weiter und übernehme auch mal andere Aufgaben. Da bin ich ganz flexibel.

Wenn Sie mehr über mich erfahren möchten, dann laden Sie mich doch zu einem Vorstellungsgespräch ein. Dann freue ich mich sehr.

Mit freundlichem Gruß

Zerspanungsmechaniker

Vorname Name – Straße xx – xxxxx Ort

Firma XXX
Straße XX
XXXXX Musterort

Präzision und Qualität: Bewerbung als Zerspanungsmechaniker

Sehr geehrte Damen und Herren,

bei Ihnen dreht sich alles um Metall! Bei mir auch. Schon lange bin ich davon begeistert zu erleben wie aus rohen Stücken blanke und kunstfertige Originale entstehen. Meine Berufswahl stand fest: Ich wurde konventioneller Dreher.

Heute bin ich ein geschickter Handwerker mit Köpfchen. Deshalb bewerbe ich mich bei Ihnen.

Bei meiner Arbeit sind mir Präzision und hohe Qualität besonders wichtig. Meine positive Arbeitseinstellung konnte ich erfolgreich bei der S.-T. GmbH unter Beweis stellen. Meine Aufgaben umfassten das Arbeiten an CNC-Drehmaschinen, Verpackung und auch Fließbandarbeit.

Wirklich gute Umgangsformen sowie ein gepflegtes Erscheinungsbild sind für mich selbstverständlich.

Engagement und Eigenverantwortung bringe ich ebenso mit wie selbstständiges Arbeiten. Zuverlässigkeit können Sie voraussetzen, zeitliche Flexibilität kann ich ihnen zusichern. Der Führerschein der Klasse B ist vorhanden. Die Arbeit bei Ihnen könnte ich kurzfristig beginnen.

Über eine positive Antwort freue ich mich sehr, zu einen persönlichen Gespräch komme ich gerne bei Ihnen vorbei.

Mit freundlichen Grüßen

Zimmermädchen

Vorname Name – Straße xx – xxxxx Ort

Firma XXX
Straße XX
XXXXX Musterort

Ordentlich und zuverlässig: Bewerbung als Zimmermädchen

Sehr geehrte Frau XXX,

Sie brauchen kräftige Unterstützung! Das habe in der Jobbörse der Bundesagentur für Arbeit gelesen. Jetzt bewerbe ich mich bei Ihnen, weil ich mich mit der zuverlässigen und hygienebewussten Reinigung von Zimmern auskenne.

Mit viel Freude konnte ich meine Fähigkeiten im Seniorenzentrum XXX erfolgreich einsetzen. Ich habe eine Ausbildung als Hauswirtschaftshelferin abgeschlossenen und konnte anschließend ein halbes Jahr im Alten- und Pflegeheim XXX positive Erfahrung sammeln.

Wenn Sie eine Mitarbeiterin suchen, die ordentlich, akkurat, zuverlässig und engagiert bei der Arbeit ist, dann bin ich sicherlich die Richtige für Sie.

Über eine positive Kontaktaufnahme freut sich

XXXX

ÜBER DEN AUTOR

Michael Felske betreut als (Job-) Coach seit mehr als zwei Jahrzehnten erfolgreich Menschen auf der Suche nach einer neuen beruflichen Zukunft.

Auskünfte über Veröffentlichungen z.b. zum Thema Vorstellungsgespräche finden Sie auf der Autorenwebseite www.herr-felske.com.